たび活×住み活

読むと行きたくなる。
行くと住みたくなる―

in 福岡

たび活・住み活研究家 大沢玲子

旅好きのアラフィフ夫婦が、
独自の視点で「観光以上移住未満」の
地方の楽しみ方、その地の魅力を
ユルリと紹介いたします。

妻　レイコ

鹿児島・枕崎市生まれだが、転勤・転校が多い生い立ちで、自称・根なし草人間。職業・ライター。好物は国内外を巡り、地元のウマいものを食べ、酒を飲み、地元の人に絡むこと。福岡市には何度か取材経験ありだが、今回初めて県全体を巡り、北九州の海の幸、雰囲気ある旦過《たんが》市場、福岡市の隣の糸島の自然にも魅せられた！

夫　ヒロシ

海なし県の埼玉・幸手市出身。職業・税理士。数字と歴史にウルサく、毒舌を得意技とする。やわらかいうどんは好きだが、バリカタの博多ラーメンは苦手。今回は特に炭鉱の歴史にハマり、大牟田、飯塚を探訪。関連書籍を熱心に読む一方で、博多の屋台では一緒になった女子グループにいい気になってオゴるというお調子者ぶりも発揮した。

はじめに――「たび活×住み活」ってナンだ？

夫婦2人で立ち上げた出版社で、スタートした「たび活×住み活」シリーズ。福岡を取り上げた今回の第4弾はちょっとピンチだったね。

何が？

何が……って、いわずとしれたコロナ禍でいったん、取材旅行を中断したし。

まあね、でも前倒しで昨年末から取材しておいてよかった。そもそもオレたちの目標は全国47都道府県制覇！　弱音吐いてる場合じゃないぞ。

はい、隊長！　相変わらず威勢だけはいいわね……。さて、初めて本シリーズを手に取った方に、恒例の「たび活×住み活」、略して〝タビスミ〟とはなんぞやの話を、キミからお願いします。

オレたち2人で旅してても、有名な観光スポットってあんまり行かないじゃん。いわゆるなレジャーもいいけど、それより気になるのは「ココに暮らしている人がどんな生活をしているのかな？」なんだよね。

うん。「どこかに移住したい」と明確に決めているわけではないけど、じゃあ、「東京にずっといたいか？」というと、「第2の居場所があるといいなあ」とも思う。私たちぐらいの世代の夫婦って、ある程度、仕事も落ち着いてきて、子どもがいる人も巣立ったりして、ぼんやりそんなユルい願望を持ってる人が多い気がする。それに、「ココにちょっと住んでみたらどうなるかな」とか、「地元の人って何食べてるんだろう」「人間関係は？」とかって、想像しながら旅するのって意外に楽しいんだよね。

オレはいつも言ってるけど、「家賃はどのぐらい？」「生活費はどれぐらいいるんだ？」「ビジネスやるならば、何が流行るかな」とか職業柄もあって気になっちゃうんだよな。そんなこんなで、〝観光以上移住未満〟の視点で「この地を旅するならこれをやってほしい」「住むなら知っておきたい」ことを、独断と偏見で「たび活」「住み活」、略して〝タビスミ〟と称して紹介してしまおう！　という本です。

早速だけど、福岡、どうだった？　10年前に『博多ルール』（KADOKAWA）を出した時は博多・福岡市を中心に回ったけど、今回は県全体、グルリ回ったね。

北九州や久留米も何回か足を運んだし、普通は観光ではあまり行かないだろう豊前《ぶぜん》にも行ったしな。そして、オレ的にハマった炭鉱の歴史を探るべく筑豊《ちくほう》の飯塚《いいづか》、田川、そして大牟田にも行ったね。

どんどん情報がマニアックになってる気も……（苦笑）。

オレたちは『るるぶ』を作ってるんじゃないの。弱小出版社らしく一般的にはマイナーな情報、エリアにも焦点を当てていかないと。実際、行ってみて初めて知ったことも多かった。工業地帯のイメージが強い北九州に「漫画ミュージアム」とか文化施設があんなに豊富だとは思わなかったし。

炭鉱というイメージだけだった大牟田に、巨人の原（辰徳）監督のお父さんが率いた三池工業高校野球部が甲子園で優勝した時代があったとか。

食べ物も随分制覇したな（笑）。ハマったのはうどんかな。やわらかい麺がおいしい。うどんと一緒に食べるかしわめしがまたウマいんだ。

キミ、博多ラーメンでも地元っ子が麺の硬さを〝バリカタ〟で頼んでるのに、平然と〝ヤワ〟で頼んでるし（笑）。マイペースな埼玉人め。

魚もおいしかったな。レイコは小倉の渋い居酒屋「酒房武蔵」にハマったんじゃない？

うんうん。つい食べ物の話になるけど、天ぷらの「ひらお」もよかったー。あとは、まっちゃん（松本人志）が出てた福岡ローカル番組の『福岡人志、』とか、ローカルメディアでもいろんな発見があったな。ヨソから起業で来る若者も増えてるみたいだし、地元っ子はもちろんだけど、ヨソから来た人も福岡ラブモードに引き込んでしまう福岡マジック！　街の中心地と自然がすぐ近くに位置するコンパクトシティぶりも魅力だね。

では、そろそろ、我々タビスミ隊、「独断と偏見で勝手に地方のいいとこを紹介して、応援します！」プロジェクトの福岡編、始動します。

あくまでも半フィクション、半ノンフィクションの夫婦のボケツッコミ、ユル～く、生温かい目でお楽しみください。

＊文中の数値・データはＰ１５８に挙げた統計・調査結果をもとに引用しています。
参考書籍の著者名、刊行元についても紙幅の都合上、Ｐ１５８にまとめました。
また、箇所によって人物の敬称を略しています。加えて、２０１９～２０２０年の新型コロナウイルス感染症の拡大により、
取材時より変容しているデータなどもあります。訪問される際は再度のご確認をお願いいたします。

たび活×住み活 1

福岡空港の近さに驚く！

全国各地の空港に行ったけど、福岡って空港と市街地のアクセスは日本一だよね。

オレ的に意外によかったのは北九州空港に行く時に乗ったスターフライヤー。ANAとのコードシェア便だけど、別の専用カウンターで年末の混雑時もすぐチェックインできたし。

機体も黒、シートもブラックのレザーでカッコよかったよね。

市街地のアクセスは福岡空港にはかなわないけどな。

あと、北九州空港には足湯があったし、福岡空港は360度見渡せる展望デッキが新しくできて地元の人にも人気みたい。旅に行かなくても、空港で楽しむってのもいいかも。

レイコ　オススメの食べたい！

「福岡空港ビアマルシェ SORAGAMIAIR（ソラガ・ミエール）」では、店名どおり空を飛ぶ飛行機を目前に熊本工場直送の生ビールに九州の食材が楽しめます！

市街地を歩いていると、飛行機が高速道路やビルのすぐ上をかすめるように飛んでいく――。ヨソ者は一瞬驚いてしまうが、福岡市内ではよく見かける日常的光景だ。

福岡空港は福岡市街地から5㎞以内の至近距離にあり、地下鉄博多駅間は約5分、市随一の繁華街がある天神駅へは約11分という好アクセス！　アジア主要13都市で、都心から国際空港までのアクセス時間が最も短い都市1位に選ばれたこともある。「空港が市街地から近いけん、便利やろ」というのは、福岡っ子のご当地自慢の1つだ。

しかし、福岡県にはもう1つ空港があるのを忘れてはいけない。北九州空港だ。

2006年3月、陸側の騒音に配慮して生まれた海上空港。実は九州では唯一の24時間稼働。羽田に到着する全航空便の中でも、一番乗りで早朝7時に到着する便があり、夜の便は羽田22時55発、北九州24時35分着（通常運航時の時刻表）。朝イチで東京に乗り込み、夜は取引先と一杯飲んでからでも間に合う。慌ただしい出張時にもうってつけだ。

福岡空港に話を戻すと、20年8月には新しく展望デッキ、大型ビジョン装備のビヤホールなどの飲食施設がオープンした。旅をしなくとも空港目的に遊びに行くのもいい。大型ビジョンでビールを飲みながら、福岡っ子と一緒に地元野球チームのソフトバンクホークスの試合に声援を送るなんてのも市街地に近い福岡空港ならではの楽しみ方だ。

地元っ子と朝昼飲みデビュー！

タビスミ隊が重視する「明るいうちに罪悪感なく飲める街か」という条件では福岡はバッチリ合格ね（笑）。

そんな条件、いつの間にできた（笑）？

博多駅構内の飲み屋街、10時からオープンしてたし、小さな大衆酒場が多いのも私が好きな新橋駅前ビルみたいでよかった。「焼鳥司」は豚バラとかニンニクをかわで巻いた〝鳥皮にんにく巻き〟がおいしかったな。

天神の立ち飲み店「角屋」は券売機で注文できるのもポイントだったな。感染症対策もキチンとしてたし。

お母さんがつくったような地元の煮物、がめ煮はどこか懐かしい味でおいしかったね。気取らず安く、飲み食いできるのは福岡の魅力だ！！

ヒロシ オススメの食べたい！

オレ的には「角屋」のオリジナルらしき「角屋の塩肉」が正体不明の“謎肉”のようで、肉本来の味がしっかり。ウマかったです。ちょい飲みのつもりがつい酒が進み……。

「観光スポットを聞かれると困る……」けど、食べ物なら「バリうまか店、いっぱいあるけん」と胸を張って語れる――コレ、特に福岡市の博多っ子あるあるだ。

そんな福岡・博多グルメの魅力をより深掘りするならば、タビスミ隊としてはその特徴についても学んでおきたい。

博多・福岡の豆知識満載な書籍『博多に強くなろう　北九州に強くなろう　100の物語』では、福岡のグルメについて2つのポイントを挙げている。

1つ目が「材料がおいしい」。

玄界灘、日本海など県を取り囲む豊かな漁場で取れる新鮮な魚介を始め、福岡っ子大好きな地鶏、野菜でも生産量日本一のたけのこの中でも高級品の「合馬《おうま》たけのこ」、いちごの「あまおう」、「博多万能ねぎ」など全国で知られるブランド野菜も数多い。

よって、先の書籍曰く「人も料理もおおまん（筆者注・大らか、大雑把といった意味の博多弁）なものが多い」。材料の持ち味を活かす料理が多く、昔は「博多の板前は京都にやっても何にもならん」といわれていたと記す。たしかに冒頭に挙げた伝統的グルメを見ると、凝ったものというより、福岡人の気質にも通じる飾り気のない料理が多い。

無論、今は九州の〝番長〟としてミシュラン星付きの飲食店も多く、〝世界一の朝食〟

で知られる「ｂｉｌｌｓ《ビルズ》」など、有名店が西日本でもいち早く進出してくるのも特徴。素材のよさに魅せられた腕に自信のある料理人、シェフも全国から集結している。

　2つ目が「アレンジがうまい」。

古くからアジアとの貿易で栄えた歴史から、外国由来の料理も早期に上陸。特に中華料理が多いが、そのままではなく博多風にアレンジしたグルメが多いという。例えば、がめ煮（筑前煮）のルーツは中国の野菜煮。ご当地の唐揚げしたナマズや鯉と野菜を炒めた中華料理を、骨つきのかしわ（鶏）に代え、酒と醤油とみりんの関西系の薄味にアレンジしたものだ。

　名物の水炊きも、元祖の店「水月《すいげつ》」の初代が香港で学んだ西洋料理のコンソメスープと、中華料理の鶏鍋を元に考案したもの。辛子明太子も発祥の店「ふくや」の初代が韓国の「メンタイ」を日本人の口に合わせて生み出した逸品だ。

　ちなみに酒は焼酎のイメージが強いが、水がおいしい筑後（Ｐ23参照）地方は日本酒づくりも盛ん。久留米市は神戸の灘、京都の伏見と並び、日本三大酒どころと称される。さらに、福岡市は一世帯のワインの購入量が東京に次いで全国2位だったりもする。

　つまり何でも来い!?　これも古代から海外の文化を柔軟に受け入れつつ、新しいモノを

躊躇《ちゅうちょ》なく福岡スタイルにリメイクしてしまう柔軟性ある土地柄か。

タビスミを満喫するなら、地元っ子に倣うこと。安くてウマいご当地グルメとおいしい酒をガッツリ味わいたい。

元祖博多水炊きの食べ方
at水月
スープは白濁系と透明タイプの2つに分かれる(水月は透明)
鍋の管理は仲居さんがやってくれる
まずはシンプルな鶏スープを味わう
スープおいしい～♥
鶏のつくねウマいな

たび活×住み活 3

福岡市地下鉄のマークの意味を知る

地下鉄に乗ってて何か気づかない？駅ごとに地域性や歴史をイメージしたシンボルマークがついてるの。

へー、言われて気づいたよ。スマホばっかり見てるから……。ほら、祇園駅は祭りの博多祇園山笠で走る法被姿の若者のマーク。わかりやすいよね。これ、地元のデザイナーの西島伊三雄さんと、長男・雅幸さんの親子がデザインしたの。伊三雄さんは九州のご当地インスタントラーメン「うまかっちゃん」のデザインでも知られてるわ。

外国人とかにもわかりやすいかもな。地下鉄って外の風景が見えないから、マークで街の特徴がわかる仕掛けはタビスミ隊としては楽しいかも。

レイコ オススメのトクしたい！

福岡の地下鉄はファミリーにも優しい。「ファミちかきっぷ」は1家族1000円、「ファミリーペア券」は親1名と小児（小学生）1名、800円で1日乗り放題です！

全国の公営地下鉄の中で、1日の乗車人員数（1㎞当たり）が東京、大阪に次いで3位の福岡市地下鉄。さすが博多弁で「速い」を意味する「はやかけん」（ICカード名）と誇るだけあって、市民の便利な足として定着している。

とはいえいくら便利でも、地下鉄は観光などでヨソから来た人にとっては外の風景から遮断され、どこを走っているのか、駅ごとの特徴も見当がつかない。そこで目を楽しませてくれるのが各駅のシンボルマーク。地下鉄に〝風景〟をつくり、各駅の個性を表現することを目的に制定されたという。

デザインしたのは福岡市出身のデザイナー・西島伊三雄と後を継いだ長男の雅幸。各駅周辺の景観や名前、地名の由来などにちなみ、かわいらしく、わかりやすいデザインが特徴だ。

例えば、薬院駅は昔、薬草園と施薬院があったことから薬をつくる乳鉢と乳棒をイメージしたデザイン。西新駅は学校が多い文教都市として鉛筆と万年筆を組み合わせ、〝西〟を意味するNを象ったマーク。

博多駅は商業の町「博多」を博多織の模様で表し、天神南駅は「♪てんじん様の細道じゃー」と歌いながら〝通りゃんせ〟をして遊ぶ子どもを模している。

通りゃんせ……なつかしい。絵柄で、その町の特徴や歴史を知るとともに、どこかなつかしさを感じる絵柄にちょっとノスタルジックな気持ちにも浸れる。

西島伊三雄は、〝九州に西島あり〟ともいわれた実力派デザイナーで、東京から上京の誘いも多かったというが、〝博多の絵師〟を貫いた人物だ。

東京にヘンな憧れを抱くことなく、地元愛を貫く。そんなところも博多っ子らしい。

西島は生前、次のように語っていたとか。

「私が今メシを食えるのも、博多の仕事ばたくさんさせてもろうたおかげです。だから博多に恩返しばせな、バチが当たります。やっぱり博多は私の育ての親。それに物は安かし、魚はうまかし、交通は便利。第一べっぴんの多かですもんね」（出典『博多に強くなろう　北九州に強くなろう　１００の物語』）。

ちなみに、社会派推理小説で知られる作家・松本清張は、小説家になる前は北九州・小倉の朝日新聞西部本社で図案の仕事をしており、２人はデザイン仲間だったとか。松本清張が売れっ子になってからもつき合いは続いていたというが、骨太な九州男児同士、ウマが合ったのかもしれない。

地下鉄のシンボルマーク制定の際には、「みんながわかるような、そげなマークをつく

九州っ子みんな大好きな豚骨インスタントラーメン「うまかっちゃん」。そのネーミング、デザインも西島伊三雄さんによるもの。味はもちろんですが、かわいい絵柄と親しみやすい商品名も人気の秘密なんですね。

らないかん」と言っていたという（出典同上）。

　そんな気取りのなさと地元愛あふれる博多らしい地下鉄のマーク。地下鉄で移動する際には時にはスマホから目線を上げ、各駅のマークの意味を探ってみてはどうだろう。

長浜鮮魚市場で取れたてウマい魚デビュー

魚自慢の福岡なら、市場での朝ごはんは欠かせないでしょ。

市場なら東京の築地・豊洲に一番ウマい魚が集まるんじゃないの？

長浜鮮魚市場は漁船から直接水揚げされた魚が集まる機能を持ってるの。その日、近海で水揚げされた魚が届くというのはレアみたいよ。

へー。そうなのか。

必食はサバと甘い醤油、ごま、海苔を和えたごまさば。鉄板でしょ。

元々は鮮度が落ちたサバをおいしく食べる生活の知恵だったんだろ。

それだけサバがよく取れて、消費量も多いってことかな。関東人はマグロ好きが多いけれど、福岡に来たら青魚を食らうべし！

レイコ オススメの食べたい！

私たちが市場内で行った食堂は「博多魚がし市場会館店」。朝7時開店で、店内もこぎれいで一般の人も入りやすいです。おいしい魚をつまみながら朝飲みもOK！……フフフ。

全国主要産地市場（漁港）の中でも取扱金額全国１位！　それが福岡市中央卸売市場、通称・長浜鮮魚市場。焼津や銚子、根室といった著名な漁港を抑えてのナンバーワンだ。

その特徴は、漁業者が漁船から直接水揚げする産地市場の機能を持つこと。中央卸売市場では旧築地市場が有名だが、各地から運ばれた水産物の卸売りが一般的な役割だ。だが、ココは玄界灘、日本海や東シナ海などの漁場で取れた新鮮な魚介類が九州・西日本各地から集まり、年間約３００種類もの魚種を取り扱う。

その取扱高を見ると、１位がブリ類、２位がサバ類、３位アジ類、４位イワシ類。青魚系が上位を占める。それゆえ「東京の人はなんでマグロばっかり食べると？」が地元っ子の定番の疑問。青魚が苦手という人でも、食わず嫌いをせず試してほしいのが郷土料理のごまさばだ。魚の種類のゴマサバではなく生のサバを九州独自の甘い醤油とごまで和える料理。醤油とごまのコクが脂の乗った身にからみ、スッキリした焼酎との相性もピッタリだ。

市場内には一般の個人客が新鮮な魚を食べられる飲食店もあり、市場でひと働きした関係者に混じって朝から魚で一杯もＯＫ！　地元っ子気分を味わえる。

今後、市民や観光客向けのにぎわい拠点創設を含めた活性化策に取り組む予定だとか。買い物や飲食をより気軽に楽しめる新たな観光スポットとしても期待したい。

〝博多〟とは どこを何を指すか？ を知る

福岡って県・市名は福岡、空港も福岡だけど駅は博多だろ。天神には西鉄福岡駅があるし……ややこしいな。

博多駅周辺に博多区があるけど、歴史的には中世から中国との貿易の中心地だった駅北西部の辺りが由緒正しき〝博多旧市街〟ってことみたい。でも福岡市全体を博多と呼ぶ場合もあるし……。

おいおい、随分アバウトだな。

祭り好きで鷹揚な〝博多っぽさ〟を出したくて「博多ばよかとこでしょ」などと気分で使う時もあるしね。これが博多弁で言うところの〝おおまん（大らか）〟ってこと。小さいことは気にせんでよかよか（笑）。

レイコ オススメの行きたい！

博多は史跡が少ないといわれがちですが、博多駅北西部の「博多旧市街」は実は歴史ある寺の集積地。うどん、まんじゅう、山笠などの発祥の地である承天寺にはぜひ行ってみて！

「出身は福岡です」。

そう聞いて、県外者の頭に浮かぶのはメディアで流される〝博多的アイコン〟の屋台、ラーメン、もつ鍋や水炊きってところか。そんなわけで、つい勝手に〝福岡＝博多〟に脳内変換し「博多っておいしい食べ物が多いからいいな」「地元の人も博多ラーメンってよく食べるの？」「屋台って雰囲気あっていいよねー」などと返してしまいがちだ。

一見の観光客ならばそれでもいいだろう。

だが、〝暮らすように旅する〟をモットーとするタビスミ隊の信条に照らし合わせるなら、この返しはビミョーと言わざるをえない。

まず、基本中の基本で押さえておきたいのは〝福岡＝博多にあらず〟ということだ。県単位の行政区域として福岡県は福岡、北九州、筑豊、筑後の4地域に分けられ、それぞれ成り立ちや文化、気候や人の特性も異なる。

県庁所在地の福岡が経済規模でもリードする〝九州の親分〟ということに異論はなくとも、それ以外の3エリアも地元に対する密やかでありつつも強いプライドを持っている。

例えば、筑豊は豊富な炭田で福岡県のみならず日本の産業を支えた。そして、北九州はエネルギー源の炭鉱産業に支えられつつ、輸出を担う門司港を擁し官営八幡製鐵所から端を発するものづくりで栄えた街だ。筑後は伝統工芸や日本酒づくりで知られ、県民大好きなうどんの原料、小麦の生産も盛んだ。いくら大らかな福岡っ子でも、テレビで流される博多的イメージで一括りにされることにやや釈然としない思いを抱えたりもする。

上級者を目指すなら、2つ目のポイントとして正確には〝福岡市＝博多〟ではないということも知っておこう。実は江戸時代までは那珂川《なかがわ》をはさんで東が博多、西が福岡という別々の町だった。

博多は古代から海外からの使節が訪れる外港として機能し、中世以降、アジアとの貿易港として栄えてきた商人の町だ。

一方、福岡は関ヶ原の戦いの戦功で筑前国を得た黒田長政が開いた城下町。福岡の名は黒田氏ゆかりの地である岡山県福岡から名づけられたといわれる。

福岡市は、明治維新の後、1889年の市制および町村制の交付によって誕生した。だが、福岡と博多のどっちを市名にするかには大モメにモメ、最後は議員投票の多数決の結果、1票差で福岡市に決定された。博多は福岡市の行政区の1つとして名前は残ったが、不満をくすぶらせる博多派をなだめるために、翌年開業が決まっていた鉄道の駅は「博多駅」と名付けられた。商人の町〝博多〟への誇りったい！

博多と福岡は博多随一の歓楽街“中洲”が隔てる２つの町だったんだ。
地形である中洲が地名になっているのも珍しいよね。

とはいえ、現実的には正式な定義とは別に、博多＝福岡市全体として使うケースも多い。いい意味でせこせこしない〝おおまん〟（大雑把⁉）な特性を持つ福岡人のこと、「福岡ばええとこやろ。なら細かいことはそう気にせんでもよかよか」……ってな感じだ。

この本でもソレ流に倣って、福岡・博多をやや気分で使い分けている。地元っ子ならではの大らかな心で許してほしい。そして、彼らの使う〝博多〟のユルいニュアンス的使い分けを理解できるようになれば、地元っ子に一歩近づいたといえそうだ。

方言多めの看板で博多弁を知る

オレ、関西弁ってなんだかキツく聞こえて苦手なんだけど、女の子が話す博多弁っていいよな。

女の子限定かい（笑）！　今、私たちがいる川端通商店街の博多弁番付。垂れ幕に方言と、絵の解説があって雰囲気あるね。「好かーん」とか「好いとう」とか、博多美人に言われたら男の人じゃなくても萌えそう（笑）。

博多弁が全国的に認知されたのは、地元出身の博多華丸・大吉の功績じゃない？　華丸は全国で博多弁で漫才をするのが目標だったっていうし。

彼らの人柄もあって博多弁の好感度も高いのかな。元々、出張や単身赴任でヨソから来る人が多いから、方言コンプレックスも薄いのかもね。

レイコ　オススメの知りたい！

博多弁のビミョーな差異も紹介すると、「読めん・読まれん」は時間など条件的に不可能なことを指し、「読みきらん」は難しくて読めないことを指す、そうです。

福岡、特に博多の街をふらーっと眺めていて気づくことがある。

それは「方言推し強いなー……」ということ。

商品・サービス、街に掲げられる看板などの方言登場率が異常に高いのだ。

まず、福岡市民が日々、使用する交通系ＩＣカード。福岡市地下鉄が「はやかけん」、ＪＲ九州が「ＳＵＧＯＧＡ（スゴカ）」と名付けられている。

「はやかけん」は「はやくて、やさしくて、かいてきな、券（けん）」の頭文字をもじり、かつ博多弁の「速いから」を意味する「速かけん」をかけているとか。ＳＵＧＯＧＡは「Smart Urban Going Card」の略称らしいが、「スゴい」を意味する博多弁「スゴか」にかけているのは言うまでもない。方言由来のＩＣカードには関西弁の「行こか」にかけた「ＩＣＯＣＡ」（ＪＲ西日本）があるが、それと比べても「はやかけん！」「すごかー！」とストレートな自画自賛モード（!?）は、いかにも博多っぽい。博多ん人は博多ば好きっちゃね。

もし初心者が博多弁にトライするならば、語尾につける「〜と」「〜たい」「〜ばい」から取り入れてみよう。「どこ行くと?」「何しよると?」などと、かるーい調子で話せばフットワーク軽い博多っ子気分を味わえる。楽しみながら博多弁の世界に浸るなら、博多区・川端通商店街に掲げられる「博多弁番付」もぜひチェックしに行こう。

北九弁、筑豊弁、筑後弁の存在を知る

博多弁は全国的に知られるようになったけど、福岡県全体では方言に違いがあるんだ。例えば北九州、地元で言うキタキューだと「好いとうと」が「好きっちゃ」になるの。

うーん、「好きっちゃ」も捨てがたいな。キミの個人的見解は聞いてない（笑）。でも筑豊とか筑後なんかはちょっと荒っぽく聞こえる言葉が使われることもあるみたい。

飯塚や大牟田で乗ったタクシーの運転手さんの言葉も独特だったね。

炭鉱地域で使われてた歴史かな。漁師言葉なんかでも威勢のいい独特の言い回しがあるけど、命がけの炭鉱の仕事で、丁寧な言葉なんか使ってられないもんな。

レイコ オススメの知りたい！

大牟田弁については、地元の小学生がかわいらしい歌で大牟田弁を紹介する「大牟田弁もおもしろか（がまだせ大牟田弁）」がなかなかハマります。YouTube でチェックしてみて！

福岡＝博多にあらずについては既に解説した。

同様に福岡出身を語る人に「博多弁しゃべってみて」と返すのはリスキーと、タビスミ隊としては心得たい。また、福岡全体で共通して話されるような福岡弁も存在しない。にわか知識で、ヘタに方言ネタで場をつなごうとすると墓穴を掘る。

福岡は行政区域として4エリアに分かれているが、方言の区分はさらに細かい。大きくは博多弁、北九（州）弁、筑豊弁、筑後弁に分かれるが、筑豊弁といっても飯塚市周辺と田川市周辺で話される言葉には違いがあり、筑後弁も久留米弁、大牟田弁などに分かれる。

すべてをマスターするのは地元っ子でも至難の業だが、例えば博多弁と北九州の方言で違いが出るのが語尾。博多弁の代表的な語尾が「〜と」「〜たい」「〜ばい」だとすると、北九州弁は語尾が撥音《はつおん》化（語尾に「ん」がつく）するのが特徴。博多でいう「なんしようと（なにしよると）？」が北九州では「なんしよん？（なんしよるん）？」となる。

また、北九州でよく聞かれるのが「ちゃ」。女子が使うとなかなかかわいらしい。一方、筑豊弁や筑後弁では、炭鉱地帯で使われた言葉も多く、荒っぽく聞こえることも。博多で「とても」を意味する「ばり」が、大牟田では「ぎゃん」といったりする。

細かい語尾の差で出身エリアが特定できるようになれば……上級者昇格だ。

たび活×住み活 8

うどん発祥の地！腰くだけのうどん食べ比べ

博多の昼ごはんの王道といえば……
やっぱりキミ的にはラーメン？

いや、福岡に来たらうどんでしょ！ ラーメンよりあっさりしてるからメタボが気になる中年にも優しい！ 食べ比べるぞ――。

食べ過ぎたら一緒だけど……。
最初はやっぱり「牧のうどん」。ココ、麺の硬さを選べるんだよな。オレ、〝軟めん〟！

普通でもやわらかくて、麺が出汁を吸ってふくらむのに大丈夫？

出汁を思いっきり吸い込んだ麺がおいしいんだよ。（5分経過）あれっ、麺が減らない、いやむしろ増えてる。牧のマジック、恐るべし……。

中年にはラーメンよりキツいかも。

レイコ オススメの食べたい！

「牧のうどん」と並ぶ博多の一大勢力が「ウエスト」。麺は〝牧の〟より硬め。天ぷらは後のせスタイルなどの違いが。地元っ子はそれぞれ贔屓のうどん店を持っています。

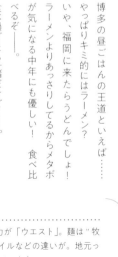

「博多には、食べても食べても増えていくうどん屋さんがあるとよ」。

そんな怪奇現象を地元っ子に教えてもらったのは、10年前の博多取材の時だ。

（ヨソもんだからと思ってからかってんのか）と半信半疑で向かったのはご当地うどんチェーン**「牧のうどん」**。果たしてそれは本当だった。麺の硬さは「硬めん」「中めん（普通）」「軟めん（やわらかめ）」を選べるのだが、普通でもかなりやわらかい。

しかも、勧められた「わかめうどん」を頼んでしまったのが運のツキ。やわらかいうどんが出汁を吸い、麺は増える。わかめも増える。麺に吸われてなくなってしまう出汁（福岡風にいうと〝すめ〟）のお代わり用にヤカンで出汁が用意されているのだが、出汁を追**加すればするほどうどんは増えていく**。うれしいような、悲しいような……。

こうして博多うどんの強烈な洗礼を受けたのだった。

昨今、東京などでも博多うどんの存在は知られつつあるが、やはりヨソ者には〝博多名物麺＝ラーメン〟のイメージが強いのではないだろうか。

しかし、キッパリ言おう。ラーメンに負けじと、というかむしろラーメンよりうどんこそが地元っ子のソウルフードとして定着している。

歴史を振り返っても、福岡はうどん発祥の地といわれている。その伝道者が臨済宗の僧、聖一《しょういち》国師。彼が開山した承天寺《じょうてんじ》の境内には「饂飩蕎麦発祥之地」の石碑が建つ。聖一国師が中国・宋留学から帰る際、水車を動力にした石臼、製粉機の設計図を持ち帰り、製粉技術とともに伝えたといわれている。

ちなみに、そばについては聖一国師を開基に、承天寺を創建した貿易商・謝国明が飢饉と悪疫に苦しむ町人にそばがきをふるまったのが発祥。年越しの運そばの由来だ。

わが国の粉モン元祖はあの大阪ではなく、どうやら福岡にいたのだ。

そんなうどん元祖の地、福岡には様々なうどん店が存在するが、「三大うどんチェーン」と呼ばれるのが「牧のうどん」「ウエスト」、そして北九州発祥の「資《すけ》さんうどん」だ。

第一の特徴は総じて麺がやわらかいこと。特に商売の街・博多は、大阪同様、忙しい商売人がさっと食べられるよう、調理時間が短いゆでおきの麺が一般的だった。

また、地元っ子にいわせれば「麺においしい〝すめ（出汁）〟をしっかり吸わせて食べるのが博多うどんの正しい楽しみ方」。第二のポイントとして出汁のウマさも要注目だ。

鰹節と昆布を使った西日本特有の金色に澄んだ薄味が特徴だが、「牧のうどん」はすべての店舗の出汁を加布里《かふり》本店でつくり、各店舗に配送しているとか。

出汁をとった後の大量の昆布は無料でもらえたり、佃煮にしたものを購入できたりする。

売り切れ御免の隠れ人気商品なので見つけたらゲットするべし。

　第三の特徴はご当地トッピング。ごぼうを揚げたごぼう天（ごぼ天）、丸くて大きなさつま揚げの丸天。テーブルのネギや天かす入れ放題などの太っ腹なサービスもある。サイドメニューのかしわめしやかしわおにぎりを、うどんと一緒に頼むのも定番だ。

　その他、小麦づくりが盛んな筑後エリアの筑後うどん、能古島《のこのしま》名物の腰の強い能古うどんなど、県内を見渡しても様々なうどんが存在する。全国チェーンの参入が難しいといわれ、香川もタジタジのうどん県なのだ。その実力を知るならば、まずは基本の三大チェーンを食べ比べ、好みの味を探したい。

「牧のうどん」で食べた丸天うどん。左上にあるヤカンに入っているのはお茶ではなく出汁。間違えないように!

「資さん飲み」のデザートはぼた餅!

うどん食べ比べで、オレ的一番店は「資（すけ）さん」かな。麺がやわらかすぎず硬すぎず、出汁も具合がいいんだよな。

とろろ昆布が入れ放題なのもポイント高いし、少し濃いめの出汁が飲んだ後のシメにもいいかも。おでんも一年中あるし、〝資さん飲み〟といってちょい飲みでも人気なんだ。

ぼた餅もおいしいんだろ。

そうそう、小倉では昔、工場で働く人向けのKIOSKみたいな屋台があって、ぼた餅も売ってたんだって。酒は持ち込みで最後に甘いものを食べる人が多かったみたい。

よし、歴史に倣って資さん飲みのシメはうどんとぼた餅で決まり!

またもや炭水化物祭り……。

ヒロシ オススメの食べたい!

うどんもおいしいけど、資さんのかしわおにぎりがまたウマい。2個200円とコンビニよりも安いのに……。資さん、東京に出店しないかなー。

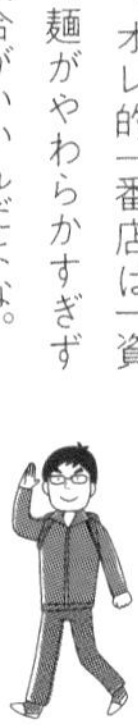

博多で幅を利かしている「ウエスト」と「牧のうどん」に対し、北九州のソウルフードポジションのうどんが「資《すけ》さん」だ。

博多うどんに比べて、やや硬めのもっちり麺に工業地帯で働く人向けだろう、さば節を使った少し濃いめの出汁が特徴だ。

牧のうどんとは異なり、つくりたての出汁にこだわり、各店舗で出汁をとるスタイル。ネギではなくとろろ昆布入れ放題、きざみつぼ漬け食べ放題というのも独自路線だ。

また、資さんの隠れた名物が、店舗で1個ずつ丁寧に握る「ぼた餅」。北九州では、工場で働く人たち向けにぼた餅を売る屋台があったように、この地では食後に甘いぼた餅を食べる食習慣が昔からあったという。資さんでは、その食文化を受け継ぎ、手づくりのぼた餅を販売。うどんを食べた後にお土産で買う人が多く、お彼岸期間中は1週間で20万個、年間400万個売れるという人気ぶりだ。

実は全国2位の小麦生産量を誇る福岡県。近年は北九州発祥の「豊前裏打会」と呼ばれるうどん店の系列が県内外に店舗展開するなど、新勢力も登場。こちらは讃岐うどんを茶道でいう〝表千家〟として、対する〝裏千家〟として独自の細麺にこだわり、円盤状のごぼ天も映《ば》える！　やはりうどん偏差値が高い県なのだ。

天神の屋台で おごり、おごられ

やっぱり博多でグルメといったら、屋台は外せないけど、エリアによっても雰囲気が違ってたね。

観光客に人気の那珂川沿いの中洲エリアはネオンをバックに雰囲気があったけど、客引きが多くて中年夫婦としては落ち着かなかったなー。

天神側は地元の女性や若い人向けのオシャレ屋台も見かけたね。一度、地元のオジサンと女の子グループでいろいろ会話できたのは屋台っぽい体験で楽しかった！　その女子グループに、また別の店で出会うというハプニングも屋台ならではだよね。

そしてつい気が大きくなって女子グループの分もおごってしまった……。

これも屋台あるある（笑）。

レイコ　オススメの食べたい！

屋台の人気メニューとなった焼きラーメンを考案したのが天神エリアの「小金（こきん）ちゃん」。タビスミ隊も潜入。焼きラーメンはコッテリ若者向けかな。私はどて焼きがオススメ！

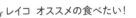

地元のグルメ情報にはくわしい博多っ子だが、実は「屋台はあまり行かない」という人が多いのも〝あるある〟。特に観光客向けの屋台が多い中洲は、「年に1～2回、県外から遊びに来た人を連れて行く場所」という位置付けだ。

無論、中洲にもいい屋台はあるが、タビスミ流に地元っ子と〝屋台的交流〟を求めるなら地元っ子率が高い天神エリアを攻めたい。

現在、市内で約100軒の屋台が天神や中洲、長浜を中心に展開している。基本のおでんから、天ぷらややきとりを出す店、名物となった焼きラーメンに加え、最近では若い世代や女性を取り込むためか、フランス人店主が経営するフレンチ屋台やジビエ専門屋台などがあるのも天神エリアの特徴だ。

この地に屋台が増えたのは戦後引き揚げてきた人たちや戦災者による簡易な仮設店舗として屋台営業が始まったこと。その後、GHQの指令により不衛生との理由で取り締まりが行われたり、屋台全廃の運動が起こったりしたこともあったが、存続運動により最盛期には400超の屋台があったという。

だが、次第に屋台の道路使用のマナーや安価な使用料に対する不公平感からも不満の声が寄せられるようになり、1995年、県議会による「屋台営業の新規参入は原則認めない」

という「原則一代限り」の方針が出され、市でも県の方針に従うこととなる。経営者の高齢化もあり、2010年には150軒まで減少。福岡の文化である屋台がなくなる！　そんなピンチに際し、11年、髙島宗一郎・福岡市長が「屋台を残したい」と表明したことが風向きを変えた。

13年には全国初の屋台基本条例が制定・施行。ルールが厳格化され、衛生面が大幅に改善されるとともに屋台の存続と新規参入を認可。公募制度でやる気のある人が屋台にチャレンジできる仕組みもでき、若い店主によるニューウェーブな屋台も誕生している。

屋台は飲食・エンタメスポットと同時に、思わぬ出会いを生む交流スポットでもある。例えば、福岡出身の著名人・タモリは博多のラーメン屋台で、この地を訪れていた渡辺貞夫、山下洋輔らジャズメンに勧められ、上京を決意したとか。

福岡初心者も、屋台にトライするならば隣り合った人や店主との会話をぜひ楽しみたい。そして、はしごをするうちに、前の屋台で隣り合った人と再会するなんてハプニングも。酒を酌み交わすうちに、おごられたり、おごったり、というのもあるあるだ。

ちなみに屋台にはトイレがないので、行きたくなってあわてる前に（笑）、近くの公衆トイレや提携するコンビニのトイレを確認しておくようにしよう。

とある屋台にて…
ワイ
私たち県外から旅行できたんです
地元の方ですか?
ワイ
私たちも県外から来たんですよ
オシャレな屋台ですよね
ドコから来たの?
ほかにおススメの屋台といえば「なかちゃん」かな
地元っ子・ニッタさん(名前だけ聞いた)
たまに知ったかぶって屋台の主ヅラする輩がいたりするんだよな
それはイタイですね…(笑)
次の屋台にて
なかちゃん
バッタリ
あれーさっきの!!
鉄板焼
焼ラーメン
また会いましたねっこんな偶然あるんですね
よし! ここはオレがおごりますよ!
これも何かの縁ですからっ
初めて来た屋台でなに主ヅラしてるのよっ

“ビッグバン”後の天神を考える

久しぶりに福岡に来て思ったんだけど、博多駅ってこんなに栄えてたっけ。天神とイメージがごっちゃになってるよ。

ＪＲ博多シティができた影響かな。でも、札幌とか名古屋が駅ビルができて従来の繁華街の大通りや栄（さかえ）のお客が減ったのに、天神はかなり健闘してるみたいよ。

でも、天神コアとか天神ビブレが閉店してニュースになってたな。

今、進められている天神の再開発計画、天神ビッグバンでいったん、商業施設がごっそり建て替えられるみたい。

その間、客がどっか行ってしまうんじゃないか。

そこは九州一の繁華街の心意気！　方策をいろいろ練っているみたいよ。

レイコ　オススメの行きたい！

「天神1-1-1」にある14階建ビル「アクロス福岡」は、建物側面の斜面を植栽が覆う外観から「アクロス山」という異名も。お手軽登山で展望台から街を一望するもよし！

「天神はショッピングエリアの王道」。

２０１０年に刊行した拙書『博多ルール』でそんなルールを紹介した。天神の西・南サイドの大名《だいみょう》、今泉などに追い上げられつつもデパート、ファッションビルがコンパクトに集中し、セレブ、シニア、ギャル、キャリア系など幅広い客層が集う。交通のハブとして地下鉄、バスや西鉄電車なども集結し、オフィスも多く位置する。東京でいえば、新宿、渋谷、銀座が一緒になったような印象で、それが徒歩で回れてしまうのも他にはない魅力だ。

だが、時を経て博多ショッピング事情も大きく変遷を遂げている。タビスミ隊としては街の変化とリアルな買い物事情を押さえておきたい。

１つが11年、九州新幹線全線開通に併せ、ＪＲ博多駅にＪＲ博多シティができたことだ。ショッピング施設として博多阪急、アミュプラザが入り、16年には博多マルイが核テナントのＫＩＴＴＥ博多も誕生。飲食店も豊富で、県内外からのＪＲや地下鉄移動組も駅ナカだけで楽しめる。

２つ目のポイントが「天神ビッグバン」と呼ばれる天神の再開発計画に伴い、商業施設の閉館が相次いでいることだ。福岡ビル、天神コア、天神ビブレ、メディアモール天神

（ＭＭＴ）が閉館し、21年にはイムズも営業を終える。寂しがる元ギャルもいれば、飲食店の閉店で周辺に勤めるサラリーマン、ＯＬがランチ難民に陥る現象も起きている。

というわけで再開発工事が終わる予定の24年末ごろまで、渡辺通り東サイドの商業施設がゴッソリなくなる。特に天神ビブレや天神コアのターゲットだった若者たちはどこに行ってしまうのか……。

すわっ、ピーンチ！　だが、九州一の〝商都〟である天神は、これまでも博多商人パワーで自らにぎわいをつくりだしてきた。

先述したように商人の街として栄えてきたのは那珂川から東の博多。天神エリアは福岡藩の武士たちの家が立ち並ぶ屋敷町だったが、廃藩置県により武士がいなくなり、城下町はたちまち廃れてしまう。

それを変えたのが民間の力で明治末に開業した2つの電車だ。

1つが福岡と博多を循環して回るチンチン電車の博多電気軌道。博多商人・渡辺与八郎が私財を投げ打って創設したというから豪傑ったい！　もう1つ、壱岐の実業家が設立したのが福岡と博多を一直線で結ぶ福博電気軌道だ。

この2つの電車がクロスし、交通のハブとなった天神は九州一の繁華街へと駆け上がる。

その後も組織の垣根を越えて、街づくりを推進。ＪＲ博多シティができた際にも、一時は売上がマイナスになるピンチもあったが、街一体となって集客に取り組んできた。再開発計画「天神ビッグバン」にコロナ禍も加わり、新たなチャレンジに直面しているが、市とも連携し、天神ビッグバンで生まれる新たな商業施設では感染症対策を徹底。〝感染症に強い街〟をアピールしていくという。

転んでもただでは起きない博多商人パワー！　ニュー天神がどう進化していくのか。楽しみに行方を見守りたい。

天神のど真ん中で登山が楽しめる!?
天神にある「アクロス福岡」は植栽が覆う外観から異名「アクロス山」と呼ばれる
よし!! アクロス山制覇するぞ!
その登山じゃないでしょ…

福岡の奥渋!? オシャレ大名・今泉を知る

デパートが並ぶ天神から西に来ると、店も歩いている人の雰囲気もちょっとオシャレになるな。

この辺りの大名や今泉とかが若い人には人気みたいよ。

代官山とか渋谷の中心から離れた奥渋（おくしぶ）みたいなポジションってことか。

ココ、小学校だったのをリノベしたのかな。インキュベーション施設「福岡グロースネクスト（FGN）」だって。バーもあるよ。オシャレー。

ふーん、コジャレたベンチャー企業の社長とか、クリエイターとかが集まって異業種交流会やってんのかな。

発言にトゲあるなー……小学校跡地で、こぢんまりトガりすぎていないのが福岡っぽくていい感じじゃん。

ヒロシ オススメの食べたい!

魚にこだわり、若い福岡っ子にも人気の居酒屋「磯貝」グループ。オレたちは早良区の本店に行きましたが、天神、今泉にも店舗が。「つぼ鯛の味噌焼き」が人気です。

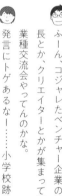

デパート、昔ながらの商店街がある天神をくぐり抜け、さらに西、南に向かうと路面ショップが並ぶエリアに到達する。若い世代に人気の大名・今泉だ。

ちなみに大名は、その名の通り大名や中級武士らが暮らしていた場所だ。迷路のような細い路地は福岡城の防衛拠点として、敵が攻めてきた場合に備えたもの。その町並みを活かし、今は隠れ屋風の小さな店舗が並び、独自のオシャレモードをつくり出している。

今泉もおしゃれなセレクトショップや飲食店が多く並び、昼から夜まで利用価値が高い。薬草院があったといわれる薬院や、赤坂などもちょっと大人向けな小箱の店が並ぶ。ユルめの代官山的ポジションだ。

近年、リノベーションのショップなどが並ぶ平尾、大楠《おおぐす》も注目エリア。六本松《ろっぽんまつ》なども大規模なショッピング施設ができ、観光客はまだ少ない。地元気分を味わうのにいい。

また、大名エリアは天神ビッグバンの再開発計画に伴い、スタートアップ支援施設「FGN」に加え、2023年春にはザ・リッツ・カールトンホテルが進出予定だ。

天神の再開発で一時期、商業施設が減っても近隣に個性的なショッピングエリアがあるのが福岡のいいところ。ぐるりと回れば、地元っ子自慢のツボ、コンパクトシティのよさを感じられるはずだ。

大濠公園で〝野武士集団〟の歴史を振り返る

大濠（おおほり）公園って市民の憩いの場なんだね。

意識高い系のランナーも多いし、コジャレたグランピンググループもいるな。

また言葉にトゲが……ココ、杭州の西湖をモデルにデザインしたらしいよ。橋とか建物が中国っぽいもんね。隣には福岡城跡があるし、ここを中心に黒田長政が町づくりをしたんだね。

んっ、城の歴史もいいけど隣に平和台……ここ、平和台球場があった場所だ。

ホークスのホーム球場だったの？

その前は栄光の野武士集団といわれた地元チーム、西鉄ライオンズのホームだったんだ。日本シリーズ3連覇したんだからスゴイよな。関東人にとっては憎たらしい存在だったけど。

野球トーク、またムダに熱いな……。

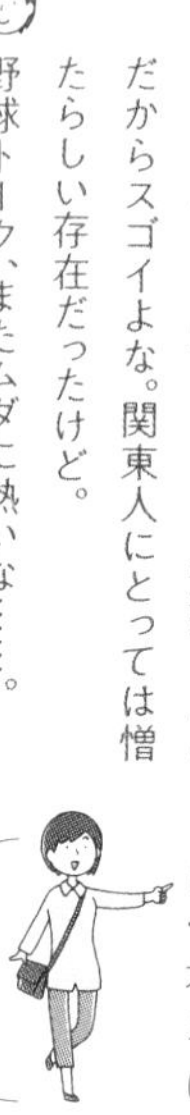

レイコ オススメの行きたい！

大濠公園隣の舞鶴公園にはバーベキューなどが年中、楽しめるスポット「Green Magic MAIZURU」も。デザインを手がけたのはビームスデザイン。セレブエリアだけにオシャレです。

市民の憩いの場として親しまれている大濠《おおほり》公園。池を周回する約２㎞の園路は足に優しいゴムチップで舗装され、ジョギングやウォーキングにピッタリ。夏の花火大会、遠足やスケッチのスポットとしてもおなじみだ。

そこに隣接する舞鶴公園内には、多目的に利用できる平和台陸上競技場や球技場、テニスコートなどがあるが、かつて福岡の野球ファンが熱狂した球場があった。

平和台野球場。鴻臚館《こうろかん》遺跡発掘に伴い解体される数年、ソフトバンクホークスの前身、ダイエーホークスが使用した。それ以前、ここをホームとしたのが栄光の史上最強〝野武士集団〟といわれた**西鉄ライオンズ**だ。

その黄金時代を率いたのが〝知将〟と呼ばれた三原脩監督。

バッターでは１９５３年に入った大物新人・豊田泰光に中西太が加わり、投手は川崎徳次を中心に、西村貞朗《さだあき》、河村英文が力を付けていく。56年からは連投に次ぐ連投でも好成績を挙げまくる鉄腕・稲尾和久が大活躍し、スター・長嶋茂雄がいた巨人との日本シリーズでは56年から3連覇を果たす。

特に58年の日本シリーズでは、３連敗後の雨天中止を受けて形勢が逆転。稲尾が自ら打撃でもサヨナラ本塁打を打つなどで4連勝。伝説的な逆転を果たす。投手としても稲尾は

7試合のうち6試合に登板し、第3戦以降は5連投。うち5試合に先発し4完投を挙げた。まさに鉄腕！「神様、仏様、稲尾様」という超有名なフレーズはこの時に生まれたものだ。当時のライオンズファンは〝野武士集団〟のファンらしく、熱血的なやや荒っぽい応援でも知られたが、あの巨人を3度も破ったことに、福岡じゅうが歓喜の渦に包まれる。誰もが感動と興奮に酔いしれたという。

稲尾以外も巨人の川上哲治の赤バットと並び、青バットといわれた大下弘や、新人の時から三原野球の後継者といわれ、オリックスでイチローを育てた仰木彬なども西鉄ライオンズの出身だ。野球通なら一目置く名選手を多く輩出したチームでもある。

その後、西鉄ライオンズは紆余曲折を経て、西武ライオンズとして埼玉・所沢に移るが、西鉄によってつくり上げられた野球文化と熱いファンの応援ぶりは、ソフトバンクホークスに受け継がれていることは間違いない。

今もソフトバンクホークスと西武ライオンズの試合になると、さらに盛り上がりを見せるという福岡。「優勝したら那珂川にダイブするったい！」……はオススメしないが（笑）、その熱血ぶりを知るならば一度は球場に足を運びたい。

ホークスのホーム・PayPay ドーム。 かつての優勝名物が那珂川ダイブですが、 福博であい橋付近には飛び込み防止のフェンスが置かれ、 県・警察がしっかり監視するとか。 タイガースファンにも負けない熱さ!

住み活×たび活 14

やきとりといえば〝バラ〟〝かわ〟

福岡ってやきとりの店が多いんだろ。よしっ、何を頼もうか。

ココは地元っ子に倣ってバラでしょ。

バラ?

豚バラ。地元っ子はまず豚バラを頼んで、店の実力をはかるんだって。

豚?　そういや炭鉱で栄えた北海道の室蘭もやきとり=豚だったっけ。

あとはとりかわかな。

なんで皮から食べるんだよ。

福岡っ子はとりかわも好きなの。最近はかわ推しの店も増えてるんだよ。

そろそろ肉、頼もうぜー。

じゃあ四つ身と、しぎ焼き!

四つ身って?　しぎ焼きって?

四つ身はもも肉、しぎ焼きはささみ。まだまだ福岡ツウの道は遠いわねー。

レイコ オススメの買いたい!

“茅乃舎(かやのや)だし”で有名な地元の久原(くばら)本家では、やきとり店のキャベツにかける酢だれを再現した「キャベツのうまたれ」を販売。家で博多のやきとり気分を味わえます!

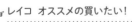

福岡市のやきとり・鶏料理の店の数、人口10万人当たり日本一（21大都市比較）と、実はやきとり大国の福岡。

といっても、地元っ子が「やきとりば食べたか〜」と口にしても、必ずしも鶏肉を食べたいわけではない。地元っ子と交流を深める上では、タビスミ流として「やきとり＝焼き鳥」と安易に脳内変換しないよう注意が必要だ。

その証拠に、彼らが「とりあえずビール」的にファーストオーダーしがちなのが「とりあえずバラ10本！」。

バラとは豚バラ肉を指し、薄い豚バラ肉を串に刺したもの。しかも一人1本といわず、一人5〜10本ぐらいペロリといくのもフツー。豚バラの間に挟む野菜がネギではなくタマネギ、タレより塩焼きが一般的というルールも覚えておきたい。

また、串揚げ店などで生のキャベツがお通しで出てくるのは珍しくないが、博多のやきとり店ではオーダー前に三杯酢のようなタレがかかったキャベツを盛った皿が運ばれ、その上にオーダーした串が置かれていく。このスタイルを始めたのが福岡市・下川端の「信《のぶ》秀《ひで》本店」。いくらキャベツ好きでも、串が来る前に全部食べつくさないこと。やきとりが焼き上がるタイミングを考えながら、口直しでつまむのが正しいお作法だ。

バラと並んで人気なのが（とり）かわ。といっても、関東圏で見るとりかわとは見た目も仕込みの手間も異なる。

店名も「博多かわ屋」なる、とりかわ推し人気店では、鶏の首の周りの皮を串にグルグル巻きし、それを秘伝のタレに漬け込み、焼いて油を落として一日寝かせる。それをまた焼いて油を落としてという作業を数日くり返すという。

外はカリッと中はジューシー、モチモチ食感がクセになる。カロリー高めだが、こちらも地元っ子に倣うなら、臆せず一人10本程度はいきたい。

その他、野菜をバラで巻いた巻物や海鮮など、串に刺せばなんでも〝やきとり〟とばかりにフリースタイルな福岡のやきとり界。

細かいことは置いといて、「とりあえずバラ10本！」とコールできれば地元っ子の仲間入り間違いなしだ。

やきとり店にて
とりあえずバラ!!
バラ10本ねっ
バラってなんだ?
しかも10本…
地元っ子は豚バラが大好きで店の実力をはかるバロメーターでもあるらしいよ
私もバラ2本!
かわ
かわ10本ね!!
かわってなんだ?
また10本!!
バラに次いで鶏のかわも人気なんだって
私もかわ2本!
四つ身!!
しぎ焼きっ
なんなんだよ意味不明!
オレの知ってるやきとり屋じゃないっ
ありがとうございます!!
バラ2本かわ2本おまたせしましたー!!
かわっパリパリジュワ〜でおいしい〜
やきとりはねぎまだろっ!!
ねぎまくださーい!!
あとハイボールおかわりっ
ハイボール
どこに行っても変わらない男
その名はヒロシ

博多には負けんばい！ 久留米でダルムデビュー

やきとりを語るなら久留米も外せないよな。年末に行った時はどの店も予約でいっぱい…甘く見てた（笑）！

何とか入れた「餃子の又兵衛」は、やきとりも豊富でおいしかったけど何よりサービスが〝神〟だったね。

たぶん、飲み物のお代わりが来るタイミングは絶妙、日本一だった（笑）。

酒飲みには重要なポイント！

久留米定番のやきとりのダルム（腸）は意外にクセがあったけど、食感とかおもしろかったな。

2回目の久留米で行った人気店の「鉄砲」は、流行りの野菜を肉で巻く巻物系串の元祖とあって、オシャレでヘルシーだったし。

久留米のやきとり、やっぱり侮れない！

ヒロシ オススメの食べたい！

久留米の名門肉店「肉のナカツル」は肉を使った惣菜、弁当が地元で大人気。鶏そぼろごはん、肉めしの弁当を食べましたが、どっちもワンコインでお釣りが来てウマい！

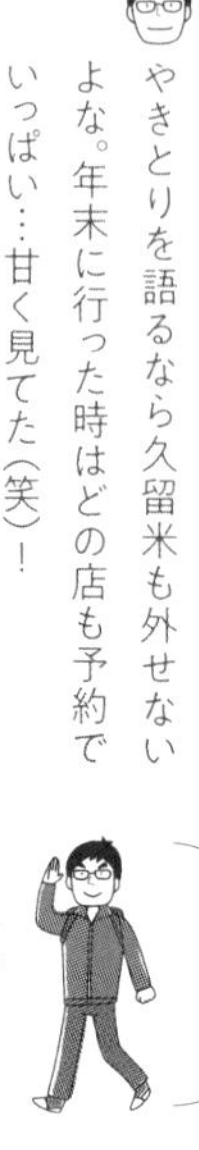

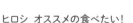

店舗数は福岡市に及ばずとも、じつはやきとり店が立ち並ぶ密度が日本有数といわれているのが福岡、北九州に次ぐ県第3の都市・久留米。２０２０年は休止となったものの、9月にこの地で行われるイベント「久留米焼きとり日本一フェスタ」は4万人もの集客を誇る。街を挙げて〝やきとり愛〟を叫ぶ熱い都市なのだ。

その特徴は博多同様、鶏だけでなく、豚、牛、さらに馬など串の素材が豊富で、他エリアでは見かけない珍しい名前のメニューも。

その代表選手がダルム。ドイツ語で腸を指す。なぜ久留米でドイツ語？ と思うが、久留米の医学生がこの呼び名をつけたとか。実は久留米は、久留米大学医学部の前身となる九州医学専門学校が１９２８年に開校された歴史から、最先端の医療が充実している医療の町として知られている。その他、ヘルツ（心臓）、ビッシュ（馬の腸）などと注文すれば、庶民的なやきとり店でアカデミックなムードを味わえる⁉

今や全国的にも知られる野菜などを肉で巻いた、フォトジェニックな巻物串発祥も久留米。その他、隠れた名物が骨付きカルビで、人気店の1つが「げん氣亭」。骨付きカルビ（豚の三角バラ）を独自のタレに漬けこみ、焼いたもので白飯にもビールのお供にもピッタリ！ 意外にガッツリ肉好きな街・久留米。肉食系はぜひ訪れたい。

たび活×住み活 16

肉といえば鶏！

うどんに次いでハマったご当地グルメといえば、かしわめしかな。コンビニで売ってるヤツもレベル高くてウマかったなあ。

駅のお弁当売り場なんかでも、白飯の代わりにかしわめしやかしわおにぎりが入ったのが多かったね。私は鶏肉料理といえばがめ煮かな。あと、水炊きの鶏スープ！

相変わらず渋いな。

大分グルメの中津からあげ、宮崎のチキン南蛮とか九州自体が鶏大国だけど、福岡は鶏肉への支出金額でも1位！

だから、買ったかしわめしが一度だけマズかった時は悲しかった……。

いつの間にか地元民並みに鶏肉ラブなのね（苦笑）。

ヒロシ オススメの食べたい！

北九州の駅弁で人気なのが東筑軒の「かしわめし」。コレ、水炊きをヒントに考案。鶏のスープでご飯を炊き、その上に鶏肉、錦糸卵、海苔をのせたもの。間違いないヤツ！

〝豚バラ〟びいきが多い博多やきとり事情について触れたが、実は鶏肉の消費量がズバ抜けて多いのもこの地ならではだ。

福岡市だけを見ても一世帯当たりの鶏肉の年間支出金額は1万9853円で全国1位、購入量は3位。一世帯当たりで年に10羽以上は食べてる計算!? どんだけ鶏肉ラブ!

やきとり好きなのに加え、鶏肉を使ったご当地グルメが多いのもその理由だ。

代表選手は骨付き鶏肉のぶつ切りや鶏ひき肉のつくねなどを入れた水炊き。博多の鍋料理としてはもつ鍋と並ぶ主役ポジションだ。専門店が数多くあるのに加え、家庭でも鶏肉のぶつ切りを入れて、ポン酢で手軽に食べる各家庭独自の水炊きが食べられている。

また、鶏肉と野菜を煮たがめ煮はお正月のおせち料理には欠かせない郷土料理。居酒屋の箸休め的小鉢でもおなじみだ。

お惣菜コーナーで必ず目につくのは、かしわおにぎり。この地ではキング・オブ・おにぎりポジションで、コンビニでも国民的人気を誇るツナマヨを抑える主役級だ。

福岡藩が財源確保のために養鶏を奨励し、鶏卵を全国に販売した歴史から、卵を産まなくなった鶏を食べるようになったのが鶏好き王国の発祥だとか。肉といえば〝牛肉派〟の関西人も、福岡に来たら〝郷に入れば〟で鶏肉を積極的に食べるべし!

たび活×住み活 17

ちっさ！
教科書でおなじみの
金印に出会う

これがあの金印！

思ったよりちっちゃいんだな。

でも国宝なんだもんね。志賀島（しかのしま）の金印公園のレプリカを見たときは「ふーん」って感じだったけど、やっぱり本物は輝きが違う！

歴史は好きだけど、どうも古代史って人間臭さがなくて実感がわかないんだよね。

でも金印が贈られたのを機に、大陸からいろんなモノ、文化が伝わってきたんだと思うとちょっとロマンがあるじゃんね。キミの好きなうどんも宋から伝わったっていうし……。

オレは筑豊エリアの炭鉱の歴史のほうが興味あるなー（P90参照）。

やたら炭鉱にハマってるねー。

レイコ　オススメの行きたい！

金印のある福岡市博物館の前を通り、シーサイドももち海浜公園に続く道路は通称・サザエさん通り。『サザエさん』の原作者・長谷川町子さんは、この地でサザエさんの構想を練ったそう。

発見された場所、福岡・志賀島《しかのしま》は知らなくても、金印といえば「ああ、あの！」と誰もが社会の教科書で見たアレを思い出すはずだ。

一辺2・3㎝、重さ108g。福岡市博物館に鎮座まします金印「漢委奴国王《かんのわのなのこくおう》」だ。西暦57年、後漢の光武帝が博多湾沿岸に存在した奴国に授与したといわれ、これを機に福岡市一帯が歴史に登場。今の舞鶴公園には外交施設「鴻臚館」が置かれ、ヒト、モノ、文化の交流の舞台となる。

その後、交流の場は博多に移り、中国・宋から来た人々がチャイナタウン「唐房《とうぼう》」を形成。コレ、日本初の中華街だ。

その後の宋や明との貿易で栄華を極めた博多商人たちが登場する歴史から見ても、アジアに近い福岡が独自の発展を遂げてきたことがわかる。

金印がある福岡市博物館には、もう1つ、福岡らしい歴史的産物がある。天下三名槍と呼ばれた槍の1つ、名槍日本号だ。黒田家の家臣、母里太兵衛《ぼりたへえ》（母里友信）が福島正則の求めに応じて大杯の酒を飲みほし、手に入れたのが「名槍日本号」。その際に歌われたとされるのが〽酒は飲め飲め飲むならば〜で始まる筑前地方の民謡・黒田節だ。

さすが、お酒好き県ならではの歴史ともいえそうだ（!?）。

炭鉱が生んだ！まんじゅう王国の歴史を考える

福岡って、うどんやそばに加えて、まんじゅうも発祥なんだって。

欲張りだな（苦笑）。

金印の歴史でも触れたけど福岡はいち早く中国・宋との通商をスタートさせたから大陸由来の文化やモノが伝来した言い伝えが多いの。他にもキミがハマッてる炭鉱の歴史を見ても炭鉱員の糖分補給として生まれたまんじゅうが多いんだ。

そういえば、タクシーの運転手さんも言ってたね。炭鉱の工員は意外に甘いモノ好きだったって。

命がけの重労働の後は、スイーツで心も体も癒すというのが炭鉱ならではのゼータクなひと時だったんだね。

レイコ　オススメの食べたい！

あのチロルチョコ（松尾製菓）の発祥も炭鉱文化が栄えた田川。現在も田川市にある工場前のショップではアウトレットのチロルチョコが買えます。コレはおトク！

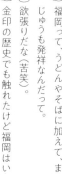

さすが食にウルサいグルメ県というべきか。この地を発祥とする食べ物がまだある。まんじゅうだ。承天寺にある「饂飩蕎麦発祥之地」という碑の横に、もう1つ並ぶ碑に記されているのが「御饅頭所《おんまんじゅうどころ》」。うどん同様、聖一国師が中国の宋から帰国後、いわゆる酒まんじゅうの作り方を茶店の主人に伝えたといわれている。

さすが粉モン高僧、守備範囲が広い！

その他にも、京都建仁寺の住職が宋から連れてきた僧が伝えたなどまんじゅう発祥には諸説あるが、まんじゅうの本家・中国との貿易をいち早く始めた歴史から見ても福岡説には一定の信ぴょう性がある。

また、福岡にはお土産でもおなじみのまんじゅうが複数存在するが、この地で栄えた炭鉱産業が関係しているケースも多い。

その代表エリアが筑豊炭田の1つ、飯塚市。今も人気の「千鳥饅頭」「ひよ子」がこの地で誕生している。当時、海外貿易の窓口であった長崎と小倉をつなぐ長崎街道は砂糖文化を広めるのに重要な役割を果たしたため別名・シュガーロードと呼ばれるが、飯塚はこの街道沿いの宿場町として発展。

長崎カステラ同様、ポルトガルの当時最先端だった南蛮菓子の製法が伝えられるとともに、炭鉱景気で賑わった筑豊の中心であったことも、独自のまんじゅう文化の発展に影響している。

北九州出身の小説家・松本清張も千鳥饅頭について、「飯塚に親戚があって、この土産をもらうのが、一ばんうれしかった。（中略）この千鳥饅頭は、わが少年のころの味であり、郷土九州の味である」と、同社に寄せた手紙に記している（同社ホームページより）。

同じく、炭鉱で栄えた大牟田では「草木饅頭」が誕生。給料日の土産、学校の帰りに食べるプチぜいたくとして親しまれ、今も2つの店、「総本家黒田家」と「江口栄商店」が駅前にある。どっちが好きかは、それぞれ贔屓筋がいるとか。さらに官営八幡製鐵所で栄えた北九州・小倉で生まれたのが栗饅頭。湖月堂の「栗饅頭」が人気だ。

ちなみに、ひよ子の製造元である株式会社ひよ子（ひよ子本舗吉野堂）は飯塚での人気ぶりを経て、博多、そして東京にも進出。日本一の菓子店を目指し、東京オリンピックを機にひよ子東京工場を設置し、東京駅は八重洲地下街に出店する。

この強気とも取れる戦略はズバリ当たり、東北新幹線開通が起爆剤となって、ひよ子は東京土産としても親しまれるようになった。現在、同社は福岡に株式会社ひよ子、東京に株式会社東京ひよ子と2社を展開。それぞれ若干違うラインアップで商品を提供している。

粉モングルメが続々と伝えられた承天寺。 麺食いに加え、
甘いモノ好きなスイーツ男子・女子も、 ぜひ表敬訪問しよう !?

よって、ひよ子は福岡土産でもあり、東京土産でもあるのだが、あくまでも発祥の地は福岡だ。元祖に敬意を表し、福岡の人に「東京土産です」などと、ひよ子を持っていくような初歩的間違いはしないようにしよう。

ここ福岡の炭鉱や港湾、製鉄所などで重労働に従事する男たちの心と身体を癒すべく誕生してきた甘いまんじゅうの数々。日本の経済成長を支えてきた炭鉱・製鉄の歴史に思いを馳せつつ、各地のまんじゅうを食べ比べてみてはいかがだろうか。

ギネスもののまんじゅうに、どんたくの由来を知る

「どんたく」に合わせて福岡に行くつもりが2020年は中止になって残念だったなー。

毎年、ゴールデンウィークに人出の数が日本一の祭りでニュースに取り上げられるけど、「どんたく」ってそもそもどういう意味？

オランダ語で休日を意味する「ゾンターク」がなまって、「どんたく」という博多弁になったといわれてるわ。

またもや海外モノを取り入れて、博多風にする得意技か！

参加型で踊りを披露したり、パレードしたりとお祭り好きの「市民のまつり」という点も福岡っぽいかも。

リオのカーニバルレベルだな。祭りに浮かれて経済は大丈夫か（苦笑）!?

レイコ オススメの食べたい！

P.61で紹介した千鳥饅頭の製造元、千鳥屋では「チロリアン」も人気。ミルクとバターを使ってチロル伝統のレシピで焼き上げたクリーム入りロールクッキー。なんとチロルの製法とは！

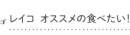

まんじゅうネタが続くが、福岡の大事な行事を知る上で、もう１つ押さえておきたい銘菓がある。福岡で堂々のギネス記録を持つ「博多通りもん」だ。

西洋和菓子を謳い、外側の生地はバターがたっぷり、中の白あんにも生クリームが練り込まれている。和洋折衷という点では歴史的に見ても実に〝福岡らしい〟。

年間の生産量は約６４００万個。２０１８年は約75億９１２６万円を売り上げ、同年、最も売れた「製菓あんこ饅頭ブランド」としてギネスに認定された。本社近くに行くと、バターのいい匂いが辺りに漂うというのも地元あるあるだ。

ところでまんじゅうの名前にもなっている「通りもん」とは何かというと、ゴールデンウィークに行われる「博多どんたく港まつり」のキャストのこと。

キャストといっても全員が市民。各種団体、企業、学校、有志の集まりなどチームごとに衣装に身を包み、設置された演舞台、パレードなどで歌や演奏、踊りなどを披露する。いってみれば、街を挙げての大演芸大会だ。

博多では博多祇園山笠とどんたく、放生会《ほうじょうや》の博多三大祭りのほかにも玉せせり、節分祭、中洲まつりなど、祭りが目白押し。これじゃ仕事に身が入らない!? いやいや、この地の団結力を培う場にもなっているのだ！……多分。

フェリーで10分！プチ船旅を楽しむ

10分で島に行けるなんてお手軽だね。はい、能古島に着いた！

突然、ユルい雰囲気だなー。

福岡市中心部のにぎわいから、ほどほどの離れ具合がいいのよ。小説家の檀一雄が能古島を終の棲家に選んだのも、それが理由だって。近くに碑があるから見に行こうよ。

また渋いとこ選ぶし。しかし休日なのに人がいないし、いやに静かだな。

「のこのしまアイランドパーク」とか、人気の観光地に行ってるのよ。キミ、そういうとこ苦手でしょう。

人が多いとこはなー……そろそろ帰りのフェリーの時間だ。あれっ、船に行列が。意外に人気なんだ、ココ。

能古島、ナメんなよ（苦笑）。

ヒロシ　オススメの食べたい！

能古島と並び、プチ船旅にオススメの志賀島。ここで人気が「中西食堂」のさざえ丼。オレたちは定休日で食せずザンネンでした。旬は春先から夏。またリベンジしたい！

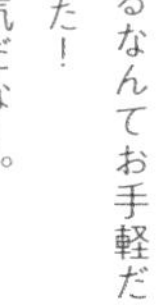

そこそこ都会でそこそこ田舎のコンパクトシティを堪能するなら、船の旅をお勧めしたい。といっても観光船などではなく、お安く気軽に行けるのが福岡流だ。

その1つが能古島。周囲約12㎞の小さな離島で、姪浜《めいのはま》にある渡船場から約10分。市内の雑踏から、あっという間にほっこり、のんびりモードに突入できる。

人気のテーマパーク「のこのしまアイランドパーク」では、菜の花、桜、ひまわり、コスモスなど一年中花が楽しめるほか、海水浴やバーベキューなどアウトドアも人気だ。あえてのタビスミ隊のオススメはのんびり散歩。街中で静かなひと時を過ごすのもいい。

2つ目が金印「漢委奴国王」が発掘されたことで有名な志賀島。こちらは博多港から約30分で到着する。離島ではないので、海岸線を眺めながら車やバスでも行ける。

金印を発見したと伝えられる場所にある「金印公園」で玄界灘をながめてぼーっとするのもよし。「海神の総本社」といわれる志賀海《しかうみ》神社をお参りするのもオススメだ。手水に加え、「御潮井《おしおい》（清め砂）」を使って体を清めるという独自スタイルもおもしろい。

『火宅の人』で知られる小説家・檀一雄が最期に能古島に移り住んだその魅力について「博多の灯がチラチラまたたく距離感」にあるのだろうと娘の檀ふみは自著に記している。

海を隔てて自然と夜のネオン街を身近に感じられる！　のも福岡の魅力なのだ。

たび活×住み活 21

強すぎるホークスの成り立ちを知る

ここがドーム横にできたエンタメ施設「E・ZO FUKUOKA」かー。球団がやってるのに、HKT48とかよしもと福岡の劇場があったり、アート集団・チームラボのミュージアムがあったりと、随分豪華だね。

まず見るべきは一択、「王貞治ベースボールミュージアム」だろ。オレ、王さんが現役で活躍してた王さん世代、どストライクだからな。

まだ世界のホームラン記録って破られてないんだ。スゴイ！

一本足打法が生まれた逸話、なつかしい。でも、ホークスの監督になってからは低迷し続けて日本一になるまで5年かかったんだよ。

忍耐、努力の人なんだね。

ヒロシ オススメの食べたい！

王さん行きつけという中華料理店「ニイハオ！ポンユウ」（中央区六本松）にも行きました。デッカいピーマン炒め、博多ラーメンのような細麺を使った酸辣湯麵。ウマいです！

全国的にプロ野球人気がその他のスポーツに押され気味な傾向が続く中、ここ福岡でスポーツといえば、やっぱり野球。

野球シーズン中に、「勝っとうね？」「どうやった？」といった会話が交わされれば、主語は大抵、ソフトバンクホークスだ。福岡を拠点とするＪリーグのアビスパ福岡、北九州に行けばギラヴァンツ北九州のフラッグが街にかかげられ、プロバスケットＢ２リーグのライジングゼファーフクオカのプレゼンスも上がりつつある……といっても、やっぱり「福岡といえばホークスたい！」。テレビのローカル番組などでもホークスネタが視聴率を稼ぐ鉄板といわれている。

女性や若い世代、ファミリーぐるみのファンなどが多いのも地方球団ならではだが、特に平和台球場に野球観戦に行っていたような往年のファンにとっては特別な思い入れがある。１９７０年代後半に史上最強の野武士集団と言われた西鉄ライオンズが、太平洋クラブ、クラウンライターと名を替え、西武ライオンズとなり埼玉・所沢に移転。約10年もの球団不在の不遇の時代を経験しているからだ。

苦節10年を経て、「福岡に球団を、ライオンズの夢をもう一度」と、89年、ダイエーホークスが誕生。93年、平和台球場から福岡ドームに本拠地を移し、95年、根本陸夫監督在任中からの招へいで、〝世界の王さん〟が監督に就任した際の盛り上がりはすごかったという。ただ、その後は長い低迷期が続き、あまりのふがいなさに監督や選手が乗ったバスに生卵が投げつけられるような事件も起こった。

99年にようやくエース工藤公康、秋山幸二などの活躍により日本一を獲得。2003年にも川﨑宗則らが活躍し、2度目のリーグ優勝を果たした。その背景には辛抱強く、ファン、選手に向き合ってきた努力の人・王監督の力があることは間違いない。

04年、ホークスはダイエーからソフトバンクに売却され、福岡ソフトバンクホークスとなる。ヤフオクドームは2020年シーズンから、球場名を「福岡 PayPay ドーム」（通称：PayPay ドーム）と改名された。

現在は工藤公康監督のもと、〝常勝集団〟の名を欲しいままにしているが、地元好きのファンにとっては、勝敗はもちろんだが、「地元にスポーツ球団がある」ことを誇りに、オーナー企業がどこであろうと球団を存続してほしい、ずっと応援し続けたいという思いが強い。

そして今でも福岡の英雄的存在の王元監督。その軌跡と福岡がホークスと共に歩んできた歴史を追うならば、他にはない超ド級・ベースボールパークの「E・ZO FUKUOKA」、王貞治ベースボールミュージアムにも足を運びたい。

王貞治の一本足打法の特訓をしたのは巨人のコーチ・荒川博
姿勢を正すために「パンツ一丁でバットを振らせる」「真剣を使っての〝たんざく斬り〟」など独自の特訓をしたとで知られる
GIANTS
1977年に当時のメジャーリーグの本塁打記録であったハンク・アーロンの755本を抜き世界記録を達成
引退までの通算本塁打868本は現在でも塗り替えられていない
監督時代苦節5年を経て99年にようやく日本一を獲得
姿勢がいいい!
ワー
ワー
09年には博多祇園山笠の「集団山見せ」で〝台上がり〟に選ばれ〝博多っ子〟の仲間入り
今も地元人気は高い
王さん

レトロな旦過市場でカナッペ&ぬか炊き

年末、北九州・小倉の旦過(たんが)市場に行った時、人が多くてビックリしたね。地元の人が普段着で買い出しに来る素朴な感じもよかったなー。

道がクネクネ狭くて昭和独特の雰囲気だった。市場で初めて北九州名物のぬか炊きって食べたけど、甘辛くて濃いめの味つけが白メシにバッチリだったな。

博多より濃いめの味付けが好まれるのかも。私のイチ押しは〝カナッペ〟。

カナッペってしつこく言うから何かと思ったら、かまぼこなんだな。

ニンジンやタマネギなどを練り込んだ魚のすり身を薄い食パンで巻いて、油で揚げてるから子どものおやつにもピッタリ。つまみにもピッタリ(笑)。

レイコ オススメの食べたい!

北九州のおいしい魚を気軽に食べるなら小倉の「酒房武蔵」がオススメ。特にハマったのがたこ。雰囲気は渋いけどカウンターのスタッフ全員が若い女性というミスマッチもおもしろい!

九州最北端の北九州。通称・キタキュー。同じ県でも福岡市とは異なる食文化が息づく。まず、魚。北は日本海（響灘《ひびきなだ》）、東は瀬戸内海（周防《すおう》灘）、関門海峡に面し、取れる魚介の種類も多い。博多というとサバなどの青魚がメジャーだが、北九州はオコゼ、カワハギといった白身の魚、たこやハモなども豊富だ。

　こうした海の幸を活かし、おいしい寿司店や歴史ある料亭・割烹が多いのも、製鉄業で栄えた歴史ゆえ。実は一世帯当たりの生鮮魚介類の支出金額は北九州市が全国1位だ。

　独自の食文化を探るなら、北九州の台所ともいわれる旦過市場をのぞいてみたい。地元の人に交じって「小倉かまぼこ」の名物・カナッペを買い食いするのもよし。北九州市立大学の学生が運営する「大學堂」では、ご飯を買って各店舗のお惣菜で好みの丼（大學丼）も楽しめる。

　また、鮮魚だけでなくイワシやサバに砂糖、醤油、ぬか床を加えて炊いた名物「ぬか炊き」の専門店も。冷凍技術が発達していなかった時代、ぬか床の塩分と乳酸菌の力が魚の保存性を高めるという生活の知恵から生まれた魚料理だ。

　２０２１年からは市場の再整備計画がスタートする予定。昭和レトロな雰囲気を味わうならば、早めに足を運びたい。

実は漫画県！「北九州市漫画ミュージアム」を探訪

北九州って八幡製鐵所とか工業団地とか重厚長大のイメージだったけど、文化施設が充実してたね。特に漫画ミュージアム。

北九州ゆかりの漫画家が多いって意外だった。松本零士、『銀河鉄道999』はどストライク世代だよね！

あとは北条司。『キャッツ・アイ』『シティーハンター』とか読んだなー。5万冊の漫画を閲覧自由って巨大漫画喫茶じゃん。漫画好きには天国！

渋いところでは松本清張記念館。東京にあった自宅の書庫や応接室とか書斎を再現した展示は迫力あったわ。

印刷所で働いて、42歳で作家デビューって苦労人だったんだな。

経歴もどこか北九州っぽいかも……。

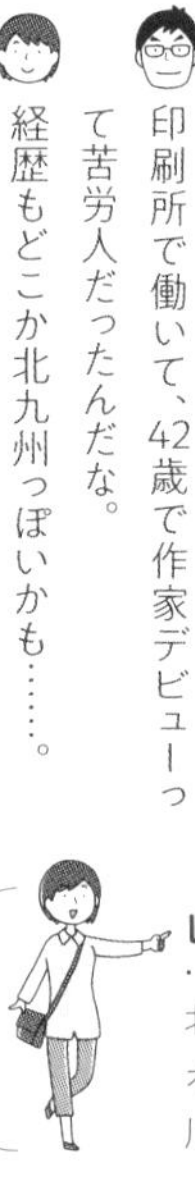

レイコ オススメの行きたい！

北九州でブラブラ散歩を楽しむなら、リバーウォーク北九州がオススメ。紫川沿いに並ぶ商業施設ですが、天気がよければ川沿いでぼーっとするだけでもいい気分です！

世界で人気の〝クールジャパン〟の筆頭、漫画文化を思いっきり堪能できるスポットが北九州にある。そう聞くと、北九州＝工業地帯のイメージを持つヨソ者にとっては意外かもしれない。

２０１２年にできた「北九州市漫画ミュージアム」だ。幼少から小倉育ちの松本零士を始め、小倉出身のわたせせいぞう、畑中純、北条司など、北九州にゆかりを持つ漫画家は数多い。この地には明治期に官営八幡製鐵所が創業されて以来、全国から人やモノが集結。国内の多様な文化、門司港からの海外文化も流入する中、都市の発展とともに書店や映画館の数も全国的に見て多かったという。こうした独自の成り立ちも影響しているのだろう。

また、小倉生まれの社会派作家といえば松本清張。印刷所勤務から、朝日新聞西部支社の広告版下を長く手掛け、晩年、多くの作品を生み出したいわば〝努力の天才〟だ。

福岡県の中でも、製鉄業などが下火になったのを受け、いち早く産業転換で文化都市を目指してきた北九州。その象徴的存在として八幡製鐵所の遊休地を活用し、つくられたのがテーマパーク「スペースワールド」。残念ながら17年に閉園し、アウトレットモールや新たなレジャー施設の開設が予定されているが、まだ再整備は進んでいない。

歴史をしのびつつ、文化都市をアピールできるような新たな進化に期待したい。

1個40円！小倉の「シロヤ」でプチスイーツ

旦過市場も賑わってたけど、小倉駅前の商店街も人が多かったね。

メインの「魚町銀天街」は日本初のアーケードを備えた商店街なんだろ。

うん。駅前の「シロヤ」も年季入ってる昭和風のベーカリーだけど、ひっきりなしにお客が来てたね。

地元のロケ番組でも田川出身の芸人の小峠（英二）とかバカリズムとかが立ち寄ってたし有名店なんだな。

40円のオムレットは大人買いしてたおじさんもいた！

オムレットもいいけど、サニーパンがおいしいっていうから再度、買いに行ったら売り切れ。意地で博多の支店で並んで買っちゃったよ（笑）。

そこまでして食べるか！

レイコ オススメの食べたい！

シロヤの斜め向かいには豚まんで有名な「揚子江」。味もボリュームも満点。豚まんというと大阪の「551蓬莱」が有名ですが、「551より揚子江！」というファンも多いみたい。

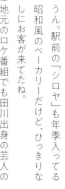

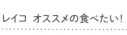

小倉駅を降りてすぐのアーケード商店街の入口に、客の足が絶えないスイーツ・パンの店がある。

見た目はショーケースに素朴系なパンが並ぶ昔ながらの店構え。だが、この店、実はＪＲ博多シティにも支店を出すほどのヤリ手⁉　小倉っ子にとっては小さいころから慣れ親しんだ味が並ぶ「シロヤベーカリー」だ。

その人気ぶりを知るなら、同店の主役を張るツートップ商品を押さえておきたい。「**サニーパン**」と「**オムレット**」だ。

サニーパンは、小さなソフトフランスパンの中に練乳が入ったもの。パンの適度な硬さと練乳の甘さがベストマッチ。ただし、食べる時は中の練乳が垂れてくるリスク大。手がビショビショ、ベタベタにならないよう食べ方には注意が必要だ。

オムレットはスポンジケーキで生クリームを包んだミニオムレツ風のワンハンドケーキ。コレ、なんと40円。１００個買っても４０００円(笑)。憧れの大人買いも気軽にできる！

もう1つ、小倉で食べたいのがこの地発祥の「**小倉焼うどん**」だ。

その元祖が鳥町食堂街の「**だるま堂**」。終戦直後、焼きそばをつくろうにも中華麺のそば玉が手に入りにくい時代、やむなく乾麺のうどんを代用してつくったのが焼うどんだったという。

その特徴は乾麺を使用するため、ゆで置きをせず、焼く際にしっかり麺に焼き目をつけること。独特のモッチリ食感が楽しめる。

初代店主が逝去後、従業員だった坂田輝義・チヨノ夫婦が引き継ぐが、ついに零和元年末、チヨノさんが死去。その味を絶やすまいと地元の若者を中心に組織されたのが「小倉焼うどん研究所」だ。だるま堂の焼うどんを復刻させるだけでなく、独自の研究所特製の焼うどんも開発。2つの味わいを提供している。

また、小倉発祥焼うどんを全国に広め、小倉名産の原材料の知名度アップも狙い、「小倉発祥焼うどんの定義」として次の7つを掲げている。

一、乾麺を使用するべし
一、キャベツは若松産であるべし（注・北九州市若松区はキャベツの大産地）
一、豚肉はバラ肉であるべし
一、玉葱はその甘さを引き出すべし
一、秘伝のソースはよく研究するべし
一、削り節はアジ・サバ節を使用するべし

「だるま堂」の元祖焼うどん（右）と研究所バージョン（左）。
焼うどんをコッペパンにはさんで食べるのもオススメだそう。

一、小倉地酒で香り豊かに仕上げるべし

このうち、5項目は必ず取り入れるのがルールだ。

現在、小倉のその他約40軒の飲食店で、これらルールに則り、醤油味やみそベース、ホルモン入りなどそれぞれ個性豊かな焼うどんが提供されている。

新鮮な魚介などに加え、実は個性的なB級グルメが多い小倉。旦過市場、商店街と存分に食べ歩きを楽しみたい。

たび活×住み活 25

レトロ門司港で ハイカラ体験

門司港って駅や建物が雰囲気あるね。かつては神戸、横浜と並んで日本三大港の1つといわれて、商社や銀行が続々と支店を出したんだって。

神戸、横浜と比べると街の規模は小さいけど、ハイカラな洋食メニューが多く生まれたというのは共通点あるな。

すぐ食べる話！　男の人ってカレーとかお子様系の洋食、好きだよねー。

歴史あるハイカラメニュー、食べないと！　人気の「伽哩（カリイ）本舗」に行こう。

うーん、フツーにおいしいけど……でも「伽哩本舗」の本店って博多の上川端商店街にあるみたいよ。

えっ……。な、なんかカレーとかハンバーグとかに塩対応だよな、レイコって……。

ヒロシ オススメの食べたい!

門司のお土産で絶賛オススメが「関門うにまん極」。山口・下関の芳賀茂元商店が門司港で展開する居酒屋で創作したメニューの1つで人気の土産品に。うに好きにはたまらない。

鉄道駅舎として初めて国の重要文化財に指定され、大正時代のネオ・ルネサンス様式に復元された門司港駅。街中には三井物産の社交倶楽部だった旧門司三井倶楽部、旧大阪商船門司支店、旧門司税関などのレトロな建物が立ち並び、旧料亭の建屋も現存する。

その海の玄関口、門司港は明治から昭和の初めにかけ、筑豊炭田を背後に栄えた重工業、石炭などの貿易港として栄えた。かつては花街もあり、数多くの洋食店も生まれた。こうした歴史的背景から西洋と東洋のよさが混在したハイカラなメニューが誕生したという。

そんな歴史をしのびつつ食べたいご当地グルメが焼きカレー。発祥は諸説あるが、元祖は昭和30年代の門司港にあった喫茶店。余ったカレーをグラタン風にオーブンで焼いたところ、香ばしくおいしく仕上がったため、店の正式メニューに発展。現在では喫茶店や専門店など30軒超の店で、それぞれ工夫をこらした焼きカレーを提供している。

また、食べ物つながりの発祥では、バナナの叩き売りも挙げられる。発祥は門司港の露店で、台湾からバナナの輸入が始まった直後の１９０８年ごろに誕生。保存技術がなかった時代、熟しすぎたバナナを早く売りさばくために叩き売りが始まったとか。

威勢のいい啖呵《たんか》売りと違って、九州風は穏やか。唄売りといって、独自の口上である〝バナちゃん節〟に乗せて値を下げる販売スタイルは、現在も港近くで披露されている。

キタキューの“角打ち”に潜入

北九州名物といわれる角打ちのはしごを初めて経験したけど、ホントはキミ、ああいうの苦手でしょ?

昔の八幡製鐵所、今の日本製鉄の工場がある戸畑区の藤高（ふじたか）酒店は、ハードルが高かったなあ。

カウンターは常連っぽい作業着やスーツを着た男の人たちで満杯だったしね。店員のおばちゃんがニコニコ対応してくれたから勇気出して入れたけど（笑）。

小倉の平尾酒店はいかにも昭和な酒屋で時間が止まってたな。

上品なママさんがつくってくれた名物がスゴかったね。山盛りのオニオンスライスに魚肉ソーセージ+シーチキンがのって最後にガーッとマヨネーズビーム!

その上に酢と七味もドバーッと（苦笑）。

レイコ　オススメの食べたい!

行橋市で行った角打ちが「リカー大鶴」。昔からの街の酒屋さんというムードで、お店の人も常連さんもあったかく楽しい時間を過ごしました！　ああいう店が近所にあったらなー。

酒屋の店先や一角で酒とカンタンなおつまみを楽しめる「角打《かくう》ち」。語源には「枡《ます》の角に塩をのせ、角から口をつけて飲んだから」「店の隅（角）で飲むから」「酒屋の多くが角地にある」など諸説あるが、その本場が北九州。市内には約100軒程度の角打ちができる酒屋があるというから、博多名物・屋台ポジションだ。

なぜ、この地に角打ちが定着したのか。その理由として地元の「北九州角打ち文化研究会」のホームページに挙げられているのが官営八幡製鐵所の存在だ。製鐵所開業を機に、北九州には全国から多くの労働者が集まる。三交代で働く工員達にとって、いつでも酒が飲める場所はいわば必要不可欠なサードプレイス。夜勤明けに疲れを癒し、職場と家庭の間で意識を切り替える空間として機能してきたのだ。

また、福岡市にも全国的に減少傾向にある角打ちがまだ存在している。その背景として祭りが盛んな風土も。博多祇園山笠の時期になると、昼間から法被姿で集まり飲んでいるシーンは日常茶飯事。その際のミーティングスポットとしても重宝されてきたのだろう。

製鉄業が全盛期だった時代、あちこちに角打ちが点在する〝角打ち通り〟なるものも存在したが、北九州でもその数は減りつつある。イギリスのパブ文化ならぬ貴重な角打ち文化を体験するなら、ちょっと勇気を出して常連と肩を並べ、酒を飲み交わしたい。

たび活×住み活 27

豚骨ラーメンの元祖・久留米ラーメンを食らう

豚骨ラーメンの発祥って久留米なんだろ。"久留米三大食堂"っていわれる3つの店が人気らしいよ。

その1つ、沖食堂にやってきたけど外構えはホント昭和……。

内観もラーメンつくってるご主人も渋いな。オレは普通のラーメン。

私、支那うどんってのにしてみよう。ラーメンのスープ、意外にあっさりしてる。"食堂系"の特徴みたいだな。

支那うどんは和風のチャンポンって感じかな……、どちらも量が多すぎないし、500円って安い！

最近の豚骨ラーメンってどんどん味が濃くなって、量も値段もマシマシ系だけど、これぐらいがちょうどいいなあ。

ヒロシ オススメの食べたい！

久留米三大食堂のあとの2つは「ひろせ食堂」「松尾食堂」。中年だけど、ホントは「ひろせ食堂」のラーメンとやきめしセットをガッツリ食べたかった……（笑）。

今や海外でも日本のグルメとして定着したラーメン。その中でも人気なのがコッテリ系の豚骨ラーメンだ。美食の街、パリでも行列ができる専門店があるというが、「セボ〜ン！」とパリっ子をもうならせる豚骨味の発祥が久留米にあるとはよもや知るまい……。

実は最初に豚骨スープを考案したのは久留米の「南京千両」。もとはうどんの屋台だったが、店主が上京の際に食べた支那そばに魅せられ、中華料理店での修業を経て、長崎ちゃんぽんをヒントに生み出したという。

当初は透き通ったスープだったが、別の屋台の店主がスープの火加減を誤り、グツグツ煮込まれてできた白濁したスープがおいしかったことから今のスタイルが生まれたという（諸説あり）。まさに〝失敗は成功の母〟。偶然の産物が全国のラーメンに影響を与え、海外でも人気を博すようになったのだから、世の中わからない。

ちなみに博多ラーメンに欠かせない紅しょうが。その発祥も久留米にあるという。地元で人気の「大砲ラーメン」で、当初は近隣の八女《やめ》産干したけのこを戻し、千切りして味付けしたものをのせていたが、その後、食紅で染めるようになる。昭和30年代後半から干したけのこが姿を消したことで、紅しょうがが代用されるようになったとか。

そんなウンチクも押さえ、久留米に感謝しつつ〝セボ〜ン〟な豚骨ラーメンを食べたい。

たび活×住み活 28

博多ラーメンのバリカタにトライ

うどんはやわらかめが好きなのに、福岡人ってラーメン屋に行くと、大抵、麺のゆで具合、バリカタを注文しているな。

その上のハリガネとかナマ、粉落としなんてオーダーもあるらしいよ。

オレはいろいろと試してみて、結論、やわらかくゆでた「ヤワ」がおいしい。

えっ、まさかの展開。ヤワなんて注文してる人、見たことない。

細いストレート麺だからやわらかめのほうがスープになじんで絶対おいしいと思うけど。ナマを選ぶとか、カッコつけてるだけじゃないの。

硬めを頼むのが九州男児の心意気なのよ。独自路線を行く福岡っ子のさらに斜め上を行く、マイペースな埼玉人め……。

レイコ オススメの食べたい!

最近の人気ラーメン店にも行こうと「博多一双」にトライ。クリーミーに泡立った豚骨スープは通称カプチーノスタイル。客層が若く店もオシャレ。ラーメンもいろいろ進化してますね。

豚骨ラーメンの元祖が久留米にあることを知ったら、もう1つ、タビスミ隊として押さえておきたいウンチクがある。

一般的に博多ラーメンの特徴として全国に知られる「極細麺&替玉システム」の発祥は長浜ラーメンにある、ということだ。

長浜ラーメンとは、先にも挙げた長浜鮮魚市場周辺の屋台で生まれたもの。その元祖が人気店「元祖長浜屋」だ。今や博多ラーメンと長浜ラーメンはほぼ一括りにされているが、元々は別モノだったのだ。

先に挙げた長浜ラーメンの特徴は、セリの合間に駆け込んでくる仲買人らがすぐ食べられるよう調理の工夫から生まれたものだ。ゆで上がりの早い極細麺で、伸びやすいため麺の量は少なくする。そして客のリクエストで、麺だけお代わりができる「替玉」が誕生。ゆで上がりが早い極細麺だからこそ実現したシステムだ。

また、長浜ラーメンの中でも、「元祖長浜屋」では肉をお代わりできる「替肉」システムがあり、バリカタのことをナマ（生）と称する。さらに脂の量（ベタ、フツウ、ナシ）の申告ができ、麺の硬さ、脂の量を注文するなら、最初に「ベタナマ」「ナシカタ」などと申告せねばならない。替玉で薄くなったスープを補うために、卓上に「ラーメンスープ

（タレ、カエシ）」が置いてあるのも特徴だ。ちなみにネギの増しも可能！

注意点として「元祖長浜屋」以外に、「元祖ラーメン長浜家《け》」という店もあるが、親戚でもなく資本の関係もない。

地元の人は「ガンナガ」「ガンソ」「屋」、「家」などの呼び名で区別している。初心者は間違えないようにしよう。

その他にも、博多ラーメンとの違いがなくなりつつある今も、長浜らしさにこだわる店が点在する。

博多のラーメン文化を知るなら、ぜひ本流・長浜ラーメンも食べ比べしたい。

ラーメン店にて
バリカタ
バリカタ
バリカタで頼むのがツウなのかー
替玉、バリカタで
食べ終わる前に頼んでるスープが冷めないようにだね
ツウだな〜
紅ショウガや辛子高菜は後から入れるのね
替玉…
はい替玉ヤワで！
えっ、この状況でヤワ頼んだのっ⁉
ズルズル
結論！ヤワのほうがおいしい

「筑豊ホルモン」に炭鉱の歴史を知る

もつ鍋は博多や東京でも食べたけど、今回、田川で食べたホルモン鍋は独特だったね。鉄板で水を使わずにタレと野菜の水分だけで煮込むから、水っぽくならずにホルモンもプリプリして存在感があったなあ。

実は福岡でラーメンとかもつ鍋以外の名物を探して、筑豊ホルモンを発見したのをきっかけに炭鉱の歴史に興味を持ったんだよな。

出た、歴史マニア！

世界遺産に指定された官営八幡製鐵所とか、輸出港の門司港なんかが栄えたのも、燃料の石炭があったから。もっと注目されていいんじゃないかな、って。

さすが中小企業を支える税理士！

レイコ オススメの食べたい！

タビスミ隊が「筑豊ホルモン」を食べたのが田川郡糸田町の「しんかい」。野菜が鉄板にドーンと盛られた外観は大迫力。普通のもつ鍋とはひと味違うおいしさを満喫しました。

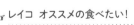

富国強兵のための造船や大砲製造からスタートし、明治時代の産業革命、昭和初期にかけては日本の高度成長を支えた燃料、それが石炭だ。

その石炭産業が花開いたエリアの1つが筑豊。なかでも飯塚、田川、直方《のうがた》は、明治から昭和にかけて〝筑豊炭田〟〝筑豊三都〟と呼ばれ、全国トップクラスの石炭の産地として栄えた歴史を持つ。

三池炭鉱や官営八幡製鐵所のようには世界遺産に選ばれなかったが、製鉄所が八幡に設置されたのも、近隣に筑豊炭田があったのが大きな理由だという。筑豊がなければ、日本の発展はなかったかも……！

その田川発祥といわれるグルメが「ホルモン鍋」だ。炭鉱で過酷な仕事を終えた労働者たちが好んで食べたのが安価で栄養満点のホルモン。博多名物のもつ鍋の由来も炭鉱で働く人たちが、もつとニラをアルミ鍋で醤油味に煮込んだものがルーツという説や、当時の朝鮮から炭鉱に働きに来ていた朝鮮人がもつを食べる風習を伝えたともいわれる。

田川のホルモン鍋の特徴は、タレで下味をつけた新鮮なホルモンとたっぷりの野菜を、中央部がくぼんだ独特の鍋で炊き上げること。スープを加えず野菜の水分だけで煮込むことで、ホルモン本来の旨みが凝縮し濃厚な味わいを楽しめる。

ちなみに筑豊炭田が栄えた背景には、あの麻生太郎ゆかりの麻生財閥の力も大きい。飯塚には麻生グループ関連の企業が数多く、麻生さんの悪口は許されない⁉

また、飯塚にはかつて30以上の芝居小屋があったとか。今も残る「嘉穂《かほ》劇場」には回り舞台、せり出し、花道などがあり、美空ひばり、力道山、中村勘九郎などが舞台を踏んだ歴史が伝えられる。

田川のホルモン鍋、飯塚の味覚《みかく》焼（P94）など地元グルメを堪能しつつ、華やかなりし炭鉱の歴史を感じたい。

筑豊ホルモンの店「しんかい」（田川）の「ホルモン鉄板」。山盛りの野菜に驚きますが、煮込むうちにカサが減るので、途中で混ぜたりしないこと。野菜の水分とタレだけで煮詰めるので、ホルモンのウマみと野菜の甘みをしっかりと味わえます。意外にヘルシー!

筑豊炭田の1つ、飯塚市の名物「味覚焼」！ コレ、食べてビックリ。
詳しくは次のページで!

たび活×住み活 30

たこなしたこ焼きのウマさに開眼

飯塚で乗ったタクシーの運転手さんには「飯塚に何しに来たの?」と驚かれたけど、炭鉱の歴史も含めて興味深かったなあ。

一般的には観光地じゃないんだろうけどね。ご当地グルメでは味覚焼が予想外にヒット! たこの入ってないたこ焼きって、どうなの!? と思ったら、予想以上にイケたよね。

年末で空いていると思ったら、焼き手のおばちゃんたちが、大量の予約伝票をさばいててびっくりしたよ。

歯が悪い人でも食べられるようにと生まれたらしいけど、出汁がきいてるあっさり味は好みだったな。

見た目は地味なんだけど、そこも飯塚らしいというか、いいんだよな。

レイコ オススメの食べたい!

山に囲まれた飯塚市の有名店が回転寿司の「一太郎」。鮮魚店からスタートしただけあってネタの新鮮さは抜群! 鮮魚や野菜などを格安で購入できる「ほとめき市場 一太郎」も人気。

田川と並び、筑豊三都の1つとして栄えた飯塚。時に命の危機にもさらされながら炭鉱《ヤマ》の仕事に従事した労働者たちの疲れを癒してきた「草木饅頭」など数多くの名物の中でも、注目したいユニークなソウルフードがある。「味覚《みかく》焼」だ。

一言で表現するとたこの入っていないたこ焼き。歯が悪い人でも食べられるようにと、1965年、生み出されたものだ。配合はシンプルで材料は粉、出汁、天かす、ネギ。味付けはあっさり醤油味の出汁で、外はカリッ、中はふんわりで胃もたれすることなくいくつでも食べられる。飯塚っ子なら誰でも一度は食べたことがある名物だ。「フランチャイズにしないか」という誘いが多く来たというが、潔く地元のみで展開している。

同じく炭鉱で栄えた県南の大牟田市にも、名物の粉モングルメ店がある。「高専ダゴ」だ。ようはお好み焼き店なのだが、そのサイズは規格外。特大のスペシャルは縦30㎝×横50㎝、重さは約3㎏にも及ぶ。

名前通り、近隣の有明高等専門学校の学生向けに安くてお腹いっぱいになるメニューをとお好み焼きを提供していたが、学生からの「肉玉」「イカ玉」と五月雨式に注文を受ける中、「あーもぅめんどくさかー」（ホームページ原文ママ。笑）とまとめて焼いたというのが発祥だとか。かつての炭鉱夫でも完食は難しいであろうデカ盛り！　大食い自慢は必食だ。

たび活×住み活 31

大牟田ラーメンに三池炭鉱の立役者を思う

大牟田ラーメンって聞くのも食べるのも初めてだけど、この東洋軒のラーメン、今までで一番濃厚でドロッとしてる感じ。麺も太いし。

大牟田ラーメンの発祥って岡山から来た男たちが始めた屋台らしい。全国から多くの労働者が三池炭鉱に集まったのを狙って始めたんだろうな。

炭鉱地ならではのエピソードだね。さっき三池炭鉱の坑口（こうぐち）の1つ、宮原坑を見たけど、世界遺産に選ばれたんでしょ。

三池炭鉱が栄えた立役者が三池鉱山専務理事だった團琢磨（だん たくま）という人物なんだけど、最後は右翼に暗殺されたんだ。高度経済成長の裏ではラーメン店ひとつとってもいろんな歴史があったんだな。

ヒロシ オススメの食べたい！

大牟田ラーメンは博多とはまた違う！　大牟田の人気店「東洋軒」でいただいたソレはスープはドロリ濃厚、麺は太め。地元の人でいっぱいでやきめしセットが人気でした。

大牟田駅からほどなく車で走ると、野っぱらにドーンと鋼鉄の櫓《やぐら》がそびえる。２０１５年、世界文化遺産に選ばれた三池炭鉱関連施設の坑口の１つ、三池炭鉱宮原坑だ。

この地の石炭産業の歴史は室町時代に溯る。１４６９年、農夫が焚き火をしていた時に、木と一緒に〝燃える石〟を発見したのが発祥だという。当時は煮炊きに使われていた〝便利な石〟が一大産業となる契機となったのが官営の三池炭鉱が旧三井物産に払い下げられたこと。その立役者があのハーバード大学で鉱山学を学んだ超エリート、三池鉱山専務理事に就任した團琢磨《だんたくま》だ。

彼の功績は世界最先端の技術を積極的に導入したこと。石炭を掘る際に出てくる大量の地下水を排出するために、世界最大級のイギリス製のデビーポンプを併設。石炭輸出のために坑口と三池港を結ぶ専用鉄道も敷設する。また、石炭を効率的に積み出し、輸出するために約6年の月日と巨額の費用をかけて三池港も築港した。

「築港をしておけば、いくらか百年の基礎になる」と語ったとされ、今も現役で稼働している。さすが鉱山エリート、先見の明あり！

最期は非業の死を遂げるが、この地を語る上では、その他にも石炭不況によるリストラ、労働争議、多くの死傷者を出した炭塵《たんじん》爆発など負の歴史も欠かせない。

大牟田ラーメンの老舗「東洋軒」も、１９５９〜60年の三池争議の際は労使双方、機動隊などに１日７００杯以上を配達したとか。

三池炭鉱は閉山し、全国から労働者が集い活況を呈した大牟田の街も姿を変えたが、鉱山に関わる人々の腹を満たしてきた大牟田ラーメン「東洋軒」は今も変わらずにぎわいを見せている。

三池炭鉱・三池港などの炭鉱遺産をめぐりつつ、博多ラーメンとも久留米ラーメンとも違う大牟田ラーメンのコッテリ濃厚な味もぜひ楽しみたい。

三池炭鉱宮原抗では囚人労働なども行われ、苛酷な重労働の苦しさから“修羅抗”と呼ばれていたとか。もっと多くの人に来てもらって、歴史を知ってほしいものです。

原辰徳を生んだ！大牟田の甲子園伝説を知る

大牟田で乗ったタクシーの運転手さん、キミが甲子園で優勝した三池工業高校の話を振ったら、すごくうれしそうだったね。無名校なのに初出場で初優勝したんでしょ。

本を読んで知ったんだけど、それも巨人の原（辰徳）監督のお父さん、原貢監督の熱血指導のおかげなんだよな。

石炭生産が縮小されて、炭鉱不況、リストラ、三池争議なんかの混乱の時期に勝ったんでしょ。地元の人は久々の明るいニュースに勇気づけられたんだろうね。

運転手さんのお父さんも三池鉱山で働いてたって言ってたし。炭塵事故で犠牲になった人も多くて、地元の人にしか理解できない思いもあるんじゃないかな。

レイコ オススメの行きたい！

大牟田には炭鉱関連の施設以外にも注目スポットがあります。大牟田市動物園。「動物福祉を伝える」をコンセプトに環境整備などに力を入れ、映画化（『いのちスケッチ』）もされたそう。

「三池工の優勝が僕の野球人生の原点です」。

本の帯には巨人の原辰徳監督の笑顔の写真とともに、そんな推薦文が掲げられている。書名は『炭鉱町に咲いた原貢野球　三池工業高校・甲子園優勝までの軌跡』。

原貢とは原辰徳監督の父親だ。東海大学付属相模高等学校野球部に乞われ、監督に就任。同校野球部に入った辰徳との〝親子鷹〟で、神奈川県高校野球の勢力図を塗り替えたのは往年の野球ファンなら知らない人はいないだろう。その起点は実は大牟田にある。１９６５年、大牟田の三池工業高等学校野球部の監督として、無名校だった同校を初出場・初優勝に導き、一躍〝三池フィーバー〟を巻き起こしたのだ。

先の書籍では原貢の「野球は喧嘩だ」という持論による熱血指導ぶりが、元部員たちの証言により描かれるが、同時進行で進んでいたのが石炭産業の衰退、労働争議などによる町の荒廃だ。この地の多くの人が三池炭鉱関係者で、部員もリストラやストライキで給料が出ない、爆発事故で父親が入院といった状況で困窮を極めていた家庭が多かった。

そんな渦中での三池工の優勝。労使関係なく〝炭坑節〟を歌って、ヤマ（炭鉱）の高校生を応援し続けたスタンド、町は歓喜の渦に包まれたという。

そして、この時の鮮烈な記憶こそが、原辰徳の原点になったのだと思うと興味深い。

TOTOミュージアムでウォシュレットに感謝！

企業ミュージアムって、私は元々好きなんだけど、小倉で行ったＴＯＴＯでは珍しくキミも興奮してたね。

ウォシュレットは日本のものづくりが誇る絶大的ナンバーワン製品だよな。車とかには興味ないけど、お腹が弱いオレには必需品！

海外のホテルに泊まると、「ウォシュレットが恋しいなー」っていっつも思うもんね。

小さいころ、田舎の親戚の家に行くとボットン便所が恐怖だったのもトラウマ的に覚えてるよ（苦笑）。今、快適なトイレ生活が送れているのは、ＴＯＴＯのおかげです。ありがとー！

トイレを見てここまで感動している人も珍しいかも（笑）。

レイコ オススメの行きたい！

地図の会社、ゼンリン本社も北九州市。ゼンリンミュージアムでは地図の歴史を知ることができます。現地調査を軸とする同社は“現代の伊能忠敬”とも称されているとか！

「おしりだって、洗ってほしい。」

一定世代から上の人なら、このＣＭのフレーズを覚えているのではないだろうか。

北九州市創業のＴＯＴＯが誇る温水洗浄便座「ウォシュレット」のＣＭだ。

今や温水洗浄便座の代名詞となっているウォシュレットは実は同社の商標。元々は医療用に米国から輸入・販売していた温水洗浄便座（ウォッシュエアシート）を、国産化。独自の開発・改善を加え、温水の温度調節、着座センサーの採用、ビデ機能搭載など、劇的な進化を遂げている。こういう細やかなものづくりはさすが日本！　清潔志向が強い国民性が反映された商品でもある。

また日本のものづくりを語る上で、外せないのがやはり北九州市発の安川電機。産業用ロボットなどメカトロニクス分野の先駆者的存在だが、もともとは筑豊炭田・飯塚で炭鉱事業を行っていた明治鉱業に端を発する。鉱山技術者養成のための明治専門学校（現・九州工業大学）、赤池鉱山学校をつくったのも明治鉱業を創業した安川敬一郎だ。

背後に筑豊炭田、海沿いに輸出を担う門司港を擁する地の利を活かしてものづくり産業が栄えてきた北九州。TOTOミュージアムほか安川電機みらい館など、歴史を手軽に知ることができる企業ミュージアムも数多い。

久留米駅前で〝世界最大級のタイヤ〟に出会う

久留米といえばオレ達世代にはチェッカーズとか松田聖子を生んだ町というのも大きいよね。

うん、駅で「赤いスイートピー」が流れてなつかしかった。もう1つ、外せないのが久留米経済を支えたタイヤメーカー、ブリヂストンの存在。

駅前にでっかいタイヤがあったな。

世界最大級らしいよ、そして、創業者の石橋正二郎さんが寄贈した石橋文化センターはバラ園とか広大な庭園があって入場無料。ファミリーがお弁当食べてくつろいでたよね。

あとで調べたら、二代目の幹一郎氏が残した遺産が莫大で当時、日本一の相続税額を支払ったんだって。

また職業病……お金の話かい！

レイコ　オススメの行きたい！

久留米はゴムの町として自転車も多く、元競輪選手の中野浩一さんの出身地でもあります。ブリヂストンのすぐそばに流れる筑後川沿いはサイクリングコースとしても最適！

ものづくりを誇る福岡第2の都市、北九州市に負けじと久留米にも誇る産業がある。ゴムだ。世界有数のタイヤメーカー、ブリヂストンに、シューズメーカーのムーンスター、アサヒシューズの3社がここに創業。〝ゴムのまち〟といわれるゆえんだ。

ブリヂストンは足袋《たび》をつくっていた日本足袋（現・アサヒシューズ）で純国産タイヤ1号を生み出したのを機に、タイヤ部門を独立させる形で創業。創業者・石橋正二郎の姓、石（ストーン）橋（ブリッヂ）をとって、ブリヂストン（当初はブリッヂストン）と名付けたのは有名な話だが、海外進出を見込んで英語の社名にしたとか。

事業で得た利益や私財を地元の石橋文化センターやブリヂストン美術館などの公共施設の建設、文化事業に寄贈。文化センター正門の壁に「世の人々の楽しみと幸せの為に」という正二郎のメッセージが掲げられている、見習いたい……カネがあれば……。

また、ものづくり以外では、チェッカーズ、松田聖子を始め、元ARBのボーカルで俳優の石橋凌、遅咲きで大ブレイクした女優の吉田羊、若手ミュージシャンの家入レオなどこの地出身のエンターテイナーは多い。

青木繁や坂本繁二郎といった芸術家も多く輩出し、久留米絣《がすり》、漆器などの伝統芸能も息づく。石橋文化センターでは地元の画家の作品も堪能したい。

のぼせもんの〝山笠の人生〟を思う

前に博多を取材した時、ちょうど山笠のシーズンで法被でふんどし姿の男たちが街中にいて驚いたなー。

博物館で「追い山」の動画を見たけど、〝流（ながれ）〟っていうんだっけ、チームによって統率力とか迫力とかに違いがあったよね。

流ごとに、1年間、チームワークを磨くべく、勢力をつぎ込むというからね。2020年は中止になって、タクシーの運転手さんが「7月になって山笠がないと寂しかったですよ」って言ってたけど、〝のぼせもん〟たちはガックリしただろうなー。

祭りがあっても仕事に手がつかず、なくても手がつかず……かもね（苦笑）。

レイコ オススメの知りたい！

“のぼせもん”の男たちを支える、ごりょさん（商家の奥さん）の存在あっての山笠ともいわれます。博多の女性は控え目⁉なようで、背後でしっかり手綱を握っているという説も（笑）。

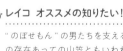

福岡でヤマといえば炭鉱だけではない。特に博多ではヤマといえば山笠のこと。7月1日から15日の間、博多で行われる祭り、博多祇園山笠の通称だ。

この山笠に命を懸ける勢いで夢中になっている博多の男たちは数多い。いわゆる「祭りにのぼせとう（熱を上げている）」、通称〝のぼせもん〟だ。

祭り期間中となると、ビジネス街や歓楽街を法被で歩き回る〝のぼせもん〟がウロウロ。さらに街中で昼間っから酒を飲み交わしている人々もいれば、ついには会社を休むツワモノも。しかし、それは「のぼせもんだから（仕方がない）」のだ。

ちなみに、6月1日から7月15日朝までは法被が正装として認められているので、法被のまま会社に出入りしても失礼ではない。長法被は会合時などに着用し、担ぐときは丈が短い水法被を着るのがルールだ。

この山笠、1241年、承天寺の開祖・聖一国師が疾病封じのために聖水（甘露水）をまいたのが始まりとされている。聖一国師さん、うどん、まんじゅうを伝えたり、聖水まいたりと、なかなかの活躍ぶりなんである。

祭りの始まりは7月1日。まずはきらびやかな飾り山笠（テーマに沿って巨大な飾り物がついた神輿《みこし》のようなもの）が市内に展示される。

そこから日を追って様々なイベントが実施されるが、クライマックスは「追い山」と呼ばれる15日。朝7時59分、男たちがかつぎ用の丈の低い舁《か》き山笠をかつぎ、博多の街を全力疾走し、流《ながれ》（参加団体）ごとに所要時間を争う。

丈が低いといっても重さは約1トン。急な角度でターンを強いられる場所もあるため、一歩間違えば大事故にもつながりかねない。だからこそ、豊臣秀吉が博多復興のために行った街づくり**「太閤《たいこう》町割」に由来する地域組織・流ごとに**、1年かけてチームワークを磨くのだ。

ちなみに、明治初期まで巨大な飾り山笠を実際にかついで走っていたというから驚く。電線敷設が進み、引っかかるという理由で低い舁き山笠が誕生。もともとは上半身裸で山笠をかついでいたのを野蛮だということから、法被を着るルールになったという。祭りに〝のぼせとう〟ゆえ、生み出された知恵、工夫なのだろう。

ちなみに昔ながらの博多の雰囲気が残る川端通商店街などには、山笠用品専門店があり、最近ではエアクッションを仕込んだ地下足袋などが人気だそう。祭りにまつわるイノベーションもあれこれ進化しているのだ！

様々な工夫を重ねて770年以上も続いてきた祭り。2020年に新しくつくられた山

博多祇園山笠は、博多の総鎮守・櫛田神社の奉納神事で、祭りが終わった後も１年を通じて「飾り山笠」が敷地内に置かれています（写真は 2009 年当時）。

写真提供：福岡市

笠は櫛田神社の「飾り山笠」のみとなったが、再開した暁にはまた〝のぼせもん〟ののぼせ具合をチェックしたい。

新年は〝三社参り〟でスタート

福岡の初詣は3つの神社を回るのが風習なんだろう。どこに行こうか？

やっぱり最初は勝負の神様、筥崎宮（はこざきぐう）でしょ。本が売れますように！

運試しにおみくじ引かないとな。

ねえ、景品つきおみくじだって！　珍しい。大当たりはハワイ旅行だ（笑）。

神社なのに世俗的な（苦笑）。

次は太宰府天満宮。すっごい人！

福岡人ってそんなに信心深いのか。

意外に露店や出店で食べ物買ってる人のほうが多いかも（笑）。名物の梅ヶ枝（うめがえ）餅は買わないとね。

小倉名物の揚子江の肉まんの支店がココにもある！　並んでも食べるぞ。

もはや太宰府名物じゃないし……。

レイコ　オススメの食べたい！

太宰府天満宮の参道には約40軒もの梅ヶ枝餅の店が。パリッと焼いた皮がおいしいけど、歯にくっつく（笑）。「梅ヶ枝餅を食べると、病魔を防ぐ」といわれる縁起物です。

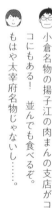

地元っ子の正月の恒例行事といえば、初詣で3つの神社に参拝する「三社参り（三社詣）」。福岡始め九州、中国地方や関西の一部地域など西日本で見られる風習だ。行く神社に指定はなく、好きな神社、人気の神社を3か所選んで回るというフリースタイルが福岡らしい。

定番の1つが櫛田神社。博多っ子にはお櫛田さんと呼ばれ、なじみ深い存在だ。お参り後は、入口そばの櫛田茶屋で「やきもち」を買って食べるのが地元っ子のルーティーンだ。もう1つが筥崎宮。鎌倉時代中期の蒙古襲来（元寇）の際に、筥崎宮の神の力によって神風が吹き、困難を退けたという言い伝えから、厄除け、勝運の神として知られる。豊臣秀吉や初代黒田藩主の黒田長政など、名だたる武将が神社に参詣していたといわれ、現在では地元スポーツチームの福岡ソフトバンクホークスやアビスパ福岡、バスケットBリーグ・ライジングゼファーフクオカが必勝祈願に訪れる。

楼門に掲げられている扁額《へんがく》には「敵國降伏」の文字。腕力ではなく徳の力で勝つという壮大な言葉だとか。勝負を控えている人はぜひお力にすがろう。旅行券などが当たる、景品付きの「鳩みくじ」にもトライしたい。

また、博多どんたく、博多祇園山笠と並ぶ博多三大祭りの「放生会」が行われるのも筥

崎宮。生き物の霊を慰め、感謝の気持ちを捧げ、商売繁盛、家内安全を祈るという神事だが、圧巻は数百軒にも並ぶ露店。こちらでも名物の焼餅「社日餅《やきもち》」をぜひ買い求めたい。福岡の人、焼餅好きっちゃねー。

博多からは距離があるが、早朝から車で来る人が多いのが福津市の宮地嶽《みやじだけ》神社。その名を全国にとどろかせたのが、２０１６年、あの嵐のＣＭの撮影が行われたこと。

2月下旬と10月下旬の年2回。玄界灘まで伸びる参道と相島、そして太陽が一直線に並び、参道が光り輝く神秘的な情景が楽しめるとあって、〝奇跡の瞬間〟を目撃したいという人が集結する。

また、参拝後は太宰府の梅ヶ枝餅ならぬ、宮地嶽神社の社紋・三階松由来の松の焼印が押された「松ケ枝餅」をいただこう。ちなみにここまで紹介した焼餅、味はほぼ同じだが、福岡っ子の正月は焼餅で攻めるったい！

学問の神様・菅原道真公が祀られた太宰府天満宮はもはやいうまでもなく有名な神社だが、その近隣に人気急上昇中の神社がある。宝満宮竈門《かまど》神社だ。大宰府鎮護の神として古くから崇敬され続けてきたが、人気漫画『鬼滅の刃』ファンの聖地巡礼の場所として注目を集めているのだ。

宮地嶽神社の大注連縄（おおしめなわ）は直径 2.6m、長さ 11m、
重さ３トンで日本一！　毎年掛け替えられています。

理由の1つは、登場する炭治郎や禰《ね》豆子《ずこ》の名字と同じ「竈門」が神社名であること。また宝満宮竈門神社は、太宰府政庁の鬼門除けとしてお祀りされたといわれ、『鬼滅の刃』の鬼退治のストーリーに似ているというのもその理由だという。

　かけられている絵馬は『鬼滅の刃』のイラストだらけ！　鬼滅ファンなら必見だ。

柳川のうなぎは〝せいろ蒸し〟がデフォルトと知る

浜松とか名古屋とか、いろんなご当地うなぎを食べてきたけど、柳川は〝せいろ蒸し〟が主流なんだね。

どうせ行くなら元祖の「本吉屋」。行列必至っていうから早めに行こう。よしっ、一番乗りだ。

なんの勝負してんだか（苦笑）。300年超の歴史があるだけあって、店構えも趣あるなー。たしかに年末だけあってどんどんお客さんが来るね。

早く来てよかっただろ。外で待ってると寒いから店内に入っていようよ。すいませーん！

開店前だからダメでしょ。

……店の人に注意された。

子どもかよ……。

ヒロシ　オススメの行きたい！

2025年予定で観光名物の川下りが行われている近くの河川から柳川駅前まで掘割を延ばし、船の乗り降りが駅前でできるようになるとか。駅に船着き場って珍しい！

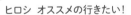

うなぎといえば、関東スタイルの「背開き＋蒸して焼く」、関西スタイルの「腹開き＋蒸さずに焼く」の二流派が知られているが、ここ福岡の名物は「せいろ蒸し」。その本場が川下りで有名な水郷・柳川だ。

「せいろ蒸し」の発祥は、ご当地の「元祖本吉屋」。初代が江戸で刀鍛冶をしていた際に関東の蒲焼を知り、地元柳川で考案。古くは柳川は天然うなぎの名産地として知られ、皮が硬いうなぎをやわらかく、かつ温かく提供するべく調理法を編み出したという。

その工程はご飯にタレをなじませるためにまぶして蒸し、さらに香ばしく焼いたうなぎの蒲焼をのせて再度蒸すという2度蒸しスタイル。その上に錦糸卵を散らし、アツアツの状態で提供される。

独自のお重から上がる湯気とともに蒲焼ならではの香りが鼻をくすぐる。タレが既にご飯になじんでいるのもよし。甘いタレ好きにはたまらない。お腹がいっぱいになったら、街中を流れる川をゆっくり進む川下りを眺めながらのんびり散歩するのもいい。

うなぎ以外にも、着物の端切れでつくるかわいい飾り物「さげもん」や、詩人・北原白秋の生誕地だったり、松岡修造を輩出した強豪テニス部で知られる柳川高校があったりと、〝名物〟も多い柳川。よかもん、うまかもん、求めて、おいでめせー（おいでください）。

たび活×住み活 38

競艇（ボートレース）に初トライ

福岡って繁華街のすぐ近くにボートレース場があるんだな。おっ、元旦からやってる！　挑戦してみようよ。

前に北海道・十勝の「ばんえい競馬」に行ったとき全敗だったのに……。

新春の運試しだよ。

お正月からすごい人出。家族連れで来てる人もいるね。

福岡って競艇に競馬、競輪、オートレースと公営ギャンブルが揃ってるんだよな。

そういえば大牟田とか飯塚とかの旧炭鉱地で、巨大な駐車場付きのパチンコ店も多かったね。

炭鉱や製鉄など重労働の娯楽として公営競技場が増えたのかもな。あー、結局、全敗……。

賭け事のセンスはないみたいね……。

ヒロシ オススメの食べたい！

福岡競艇そばの「酒処ひろ」の名物が特注の酒販機。焼酎と日本酒の自販機で１杯200円。入るのは少し勇気がいるけど、料理も豊富なのでちょい飲み利用もよし！です。

競艇場が福岡と芦屋と若松、競馬場が小倉、競輪場が久留米、小倉、オートレースが飯塚と、**4種の公営競技場が揃う福岡**。

例えば教育県として知られる長野が真面目な県民気質が指摘され、1つも公営ギャンブルが存在しない点から見ると、どこか鷹揚で開放的な気質が感じられる福岡っ子はギャンブル好きなのか⁉

その真相はわからないが、工場や炭鉱が多かったため、働く人たちの娯楽として公営ギャンブルが人気を集めたことは理由の1つだろう。

また、日本で戦前から開催されていた競馬に続き、競輪が初めて開催されたのは小倉だ。**小倉競馬場**に至っては地元っ子の間では〝遠足で行く場所〟という認識だとか。実際、大型遊具などが揃う広いキッズプラザがあり、家族で休日に出かけるケースも多い。これも**英才教育⁉**　市民の憩いの場として競馬場が機能しているのだ。

ちなみに公営競技場のそばには、レースをしながら一杯やれる立ち飲み店があるものだが、福岡競艇場の隣にあるのが**「酒処ひろ」**だ。

喜び勇んで店内に駆け込む人や、肩を落として店から出てくる人など、悲喜こもごもの人間ドラマをウォッチするのも楽しい。

豊前の名物・豊前本ガニを食べる

ココ、「うみてらす豊前（ぶぜん）」に地元の漁業協同組合がやってる食堂があって、豊前海の魚介が食べられるって。

オレは豊前の名物・とうがらしを使った「豊前オニメン」が食べたかったのに、今日はやってないんだ……。

辛いもの苦手なくせに。何にしようかな……赤ベタって赤舌平目のことなんだって。私、赤ベタの刺身定食にする。

せっかくだから季節ものの豊前本ガニもいくか。

うん。赤ベタ、さっぱり白身でおいしい、平目の刺身ってゼータク！

カニっておいしいけど、殻をむくのが面倒なんだよな……（苦笑）。

このカニ、甘味がある！　県外にもっと知られてもいいよね。

レイコ　オススメの行きたい！

赤ベタは有明海でも獲れ、その形状から有明方面ではクツゾコ（靴底に似ている）と呼ばれてます。名前はグルメ感ナシですが（笑）、ムニエルや煮つけにしてもおいしいそうです。

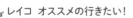

豊前海（周防灘）に面した福岡県東部の豊前市。県外の人には知名度がいま一歩ながら、実は博多や北九州にも負けない魚どころ。冬は豊前本ガニや豊前海一粒かき、赤ベタ、春はコウイカ、夏場はハモやコショウダイ、秋はサワラ、ガサエビなど瀬戸内海寄りの特色ある魚の幸が獲れる。

その味を、目の前に海を見ながら堪能できるのが、直売所も備えた「うみてらす豊前」の漁師食堂「うのしま豊築丸」。冬季には浜焼き小屋が設置され、焼きがきも楽しめる。

魚介に加え、新しくB級グルメとして誕生したのが「豊前オニメン」。豊前市が特産品として取り組む豊前とうがらしを使った麺料理で、ご当地の伝統的神事の豊前神楽でかぶる鬼の面にちなんで命名されたとか。肉を使うときは鶏肉にする（神楽の神は4つの足がある動物は食べない）、できるだけ赤く仕上げるなどのルールに則り、各店舗で工夫したオニメンを出している。

ちなみに、豊前市を含む県東部に位置する行橋《ゆくはし》市、京都《みやこ》郡、築上《ちくじょう》郡のエリアは、海と山にはさまれ古代「豊《とよ》の国」と呼ばれ、〝京築《けいちく》地域〟を称する。万葉ゆかりの古代遺跡や史跡も多く、行橋市は北九州市のベッドタウンとして住みやすさでも人気だ。福岡というととかく県西部ばかりが注目されがちだが、個性あふれる京築にも目を向けたい。

たび活×住み活 40

大人気!
オシャレ糸島の
かき小屋に行く

10年前に博多を取材してた時は、あまり聞かなかったけど、福岡市の隣の糸島市が地元でも人気のレジャースポットなんだって。今のシーズンはかき小屋もやってるから行こうよ!

加布里漁港にやってきました。どの店も行列ができてるなー。出遅れた。牡蠣焼売とハマグリもうまそうだから「住吉丸」で待とう。

ようやく入れたね。ジャンパーを着て軍手をして。自分で焼くのね。オイシイ!焼きがきってこんなにおいしかったんだ。どうしたの? なんか落ち着かない感じだね?

みんなでおそろいのジャンパー着てるのが、どうも気恥ずかしい……。

酒飲んで酔っ払えばみんな仲間(笑)。

レイコ オススメの食べたい!

糸島に本店がある「伊都きんぐ」では、あまおうイチゴ入りどら焼きの「どらきんぐ」が人気。福岡県産あまおう苺加工販売所と称し、あまおうの生産から取り組んでいる本格派です!

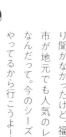

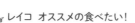

「ウマいメシはあっても、名所といわれると思いつかないなー」。

九州の番長ポジションながら、観光スポットがウイークポイントだった福岡市。市内ではないが、車で約30分で行ける場所として人気を伸ばしているのが隣の糸島市だ。

そのポイントは〝映える〟スポットが多いこと。サンセットロードにある絶景観光スポット・**夫婦《めおと》岩**のすぐそばにある**二見ヶ浦《ふたみがうら》**、湾岸沿いに数多く並ぶオシャレなカフェ、山の中にある**白糸の滝**、さらに冬の風物詩としてかき小屋人気も定着している。

この地は元々、海や山、滝など自然環境に恵まれ、風光明媚な別荘地として知られていた。だが、以前は「自然しかないただの田舎」というイメージで、夏の海水浴シーズンには観光客が訪れても、あとはサーファーが来るぐらいだったという。

その流れを変え、糸島のカフェブームをつくったといわれるのが、１９９０年、サーフィンが趣味のオーナーがオープンしたカフェ**「サンセット」**だという。

そこから海辺のカフェ、山間にあるのどかなカフェなど数多くオープン。ロンドンバスを使った**「ロンドンバスカフェ」**や、こだわりのベーカリー、製塩所を構え、「しおをかけてたべるプリン」で有名な**「またいちの塩」**など人気スポットは数多い。

移住の地としても人気の糸島。福岡市に行ったら、ぜひお隣にも足を向けたい。

たび活×住み活 41

元祖！ すき焼き風もつ鍋にトライ

今回、東京でもつ激戦区の中目黒でオーソドックスな塩もつ鍋、福岡でもつ鍋発祥といわれる「万十（まんじゅう）屋」のすき焼き風もつ鍋を食べ比べてみたけど、どうだった？

そもそも、もつってあんまり好きじゃないんだよな。いつも言ってるけど、もつ＝放るもん（ホルモン）で捨ててた肉なんでしょ。

福岡にケンカ売ってる（笑）？　そのもつに着目し、鍋料理として確立したのが「万十屋」の初代女将さんなんだ。

鍋も石鍋で、甘めの醤油味。完全にすき焼きだったな。

最後のシメもおじやというより、ビビンバ風だったし。店員が近所のおばちゃん風なのもほのぼのしてたね。

レイコ　オススメの行きたい！

「万十屋」は建物が現代建築風でアーティスティック。実は著名建築家の隈研吾さんの設計。スタッフのほのぼのおばちゃん、常連風のシニアが多い客層との対比がユニーク！

ひと昔前であれば、オジサンが大衆居酒屋で食べるもつ焼きを始め、安い酒のつまみポジションだったもつ。今やイタリアンでもトリッパ料理が人気など、広く市民権を得ているが、その火つけ役となったのは間違いなく福岡・博多発祥のもつ鍋であろう。

物資が不足する戦後、安く手に入る牛もつをどうおいしく食べるかを試行錯誤。当初の〝もつ鍋〟はアルミ鍋で唐辛子をごま油で炒め、もつとニラを入れて醤油で煮たすき焼き風のものだったという。そのスタイルで元祖を謳《うた》うのが福岡市早良区の「万十屋《まんじゅう》」だ。

そこから昭和35年ごろキャベツを定番の具材とし、スープで煮込むスタイルになり、バブル全盛期に博多で人気に火がつく。そのブームが東京に飛び火したのを機に、全国区のグルメとなったのだ。

だが、やはり本場はひと味違う。もつ鍋と一口に言っても元祖スタイルを貫く万十屋ほか、様々な流派が存在する。大きくは醤油味、みそ味の二派に分かれ、その他、塩味、ピリ辛、あごだし、酢だれで食べる店も。具材も定番のキャベツ、ニラのほか、ごぼうを入れたり、餃子の皮をアクセントに入れたりとフリースタイルだ。シメはちゃんぽんが王道だが、独自の特製麺を選べる店も。一人だと「鍋料理が食べられない」という人も安心。博多駅構内の「おおやま」ならカウンターで一人もつ鍋もＯＫだ。

八女は高級茶推しと知る

八女(やめ)市って「茶のくに」を謳ってるんだね。

そうはいっても静岡なんかに比べると知名度低くないか?

生産量は静岡と鹿児島がツートップ。でも〝量より質〟で高級茶の玉露では八女市が日本一の生産地らしいわよ。

へー、なら飲んでみたいな。土産物店で試飲やってないかな……。

セコいわね……。

抹茶ソフトもいいなあ。あそこに何か販売機がある、お茶かな?……コーヒーだった(苦笑)。

高級茶だから淹れ方も難しいの。自販機なんかじゃ売れないのよ。

(結局、ヒロシはカフェで抹茶ミルクを飲みました。笑)

ヒロシ オススメの飲みたい!

タビスミ隊は“足”がなく行けなかったものの、市内に八女茶を飲める茶寮がいくつかあります。今度行ったときは地元で極上の日本茶、絶対に飲むぞー。

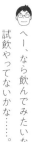

日本茶が有名と聞いて、真っ先に頭に浮かぶのは県ぐるみで鼻息荒く〝お茶大国〞を謳う静岡や、ブランド力では負けない京都・宇治あたりか。

だが、実は福岡県の八女《やめ》市は高級茶・玉露の生産額で日本一！　筑後平野南部は肥沃な土壌と伏流水に恵まれ、雨量も多い。特に八女市は市内に流れる矢部川、星野川から立ち上がる霧、寒暖差が大きいなど上質な茶を生み出す気象条件に合致しているという。

そもそも、茶栽培発祥の地は臨済宗の始祖・栄西が創建した日本初の禅寺、聖福寺（福岡市博多区）といわれ、持ち帰ってきた茶の種子を植えたのが茶園の始まりだとか。

それが京都や伊勢、駿河《するが》（静岡）に広がり、これらの地が茶の栽培地へと成長したのだ。うどん、そば、まんじゅうときて、お茶まで……福岡、おいしいとこ持ってくね――（笑）！

その他、八女は仏壇やちょうちん、手すき和紙、石灯籠といった伝統工芸が根付く職人の町としても知られる。福岡県最高峰の釈迦岳など山が多く、登山者にも人気だ。

そして、この地出身の著名人として知られているのが女優の黒木瞳。八女市（旧・八女郡）黒木町の出身だったため、同じく八女出身の小説家・五木寛之が芸名の名付け親になったとか。また、黒木町にある輝翔館《きしょうかん》中等教育学校の校歌は、作詞を黒木瞳が手がけている……といった、うんちくも知っておくと、〝茶のくに〞の楽しみが広がるはずだ。

お茶漬けうどんと世界一巨大な釈迦涅槃像に会う

ここがまっちゃん（松本人志）が地元ローカル『福岡人志、』で紹介してた「港屋」？　年季が入った店構えだね。

名物はうどんの「花巻」。来た！

風貌からもう意外すぎる！　うどんの上に海苔とわさびって。ズルズルッ、わさびがきいてるけど、出汁のさっぱりした甘みと合う！

コレお茶漬けだよね。飲んだシメにもよさそう。うどんでお腹がいっぱいになったら、腹ごなしに歩いて次は南蔵院の世界一巨大な釈迦涅槃像へ。

なになに、ココ、すっごく広い！　仏像のテーマパークみたい。

釈迦涅槃像はどこだー。やっと着いた！　デッケー！

笑ってしまうほどデカいね（笑）。

ヒロシ　オススメの食べたい！

「港屋」のもう１つの人気メニューが田舎風ちゃんぽん。野菜、肉など具材たっぷりでスープがまたおいしい。福岡はちゃんぽんもかなりレベルが高いです。

福岡市のベッドタウン・篠栗町《ささぐり》。空海を拝する88か所の霊場「篠栗四国八十八カ所」でも知られるこの町に世界一デカいモノがある。

篠栗四国霊場の総本寺で、第一番札所でもある南蔵院の釈迦涅槃像《しゃかねはんぞう》だ。

そのサイズ、全長41ｍ、高さ11ｍ、重さは約300ｔ。ブロンズ像では世界一の規模だ。実際に目にすると、笑ってしまうぐらいに大きい！　そしてゆったりと横たわっている姿、お顔にどこか癒される。

こんなモノがなぜつくられたのか。実は南蔵院では、長年、ミャンマー、ネパールなど東南アジアの子どもたちに医薬品や文房具などを送り続けていたという。

その返礼として、1988年、ミャンマー国仏教会議からお釈迦様など三尊仏舎利の贈呈を受ける。釈迦涅槃像はこれら三尊仏舎利を安置する場所として建立されたのだ。

完成したのは95年5月。そして同年6月、同院住職がジャンボ宝くじで1等前後賞1億3千万円に当せん。釈迦涅槃像のご利益と話題になったという。

ありがたやー。

予想以上に広大な南蔵院を歩き回ってお腹がすいたら、篠栗四国霊場と共に100年以上続く「食事処港屋」に立ち寄りたい。88カ所巡りをする人には、肉や魚を使用しない野

菜中心の精進定食も人気だというが、ここの隠れた名物がわさびと海苔がのっかった意外性あふれるうどんの「花巻」。

ちょいとピリリで、優しい博多うどんの味。食堂のお母さんの優しい接客にも癒されること間違いなしだ。

目指すは涅槃像！
南蔵院
境内地図
けっこう広いんだな
仲見世
すご〜い
お店たくさんある！
お土産見てもいい？
なぜ境内に仲見世が…？
ふつう参道だろ…
大黒堂
ここで記入したら後利益ありそう！
住職1億円当たったんでしょ？
ロト6
ナンバーズ3
ナンバーズ4
まだまだトラップ!?が…
なぜ境内に宝くじの記入台が……？？
ふつう寺にないだろ…
やっと着いたね涅槃像ー!!
広かった〜
ご利益ありそー!!
ムムム…
ずい分歩かされたなー
ひょっとしたら意外に商売上手!?

なつかし商店街＆地元スーパー巡り

博多って便利な場所に下町モードな商店街があっていいよね。この西新商店街、すぐ近くにドーム、タワマンもあるのに、リヤカーで引き売りしているおばちゃんたちがいて、いい感じ。

中央区にあった柳橋連合市場も中心街なのにモロ昭和な雰囲気だったな。

リヤカー部隊って終戦直後、近郊の農家の方が行商に来てたのが起源なんだって。実は、福岡って糸島とか筑後エリアなんかでも農業が盛んで、生産量日本トップクラスの野菜も多いの。

魚だけじゃないんだな。

屋台みたいに、リヤカーも福岡の文化として残ってほしいよね。

レイコ オススメの買いたい！

地元スーパーはお土産を買うのにもオススメ。インスタントラーメンの「うまかっちゃん」も福岡は種類が多く、甘口の「カルビーポテトチップス九州しょうゆ」なんかも魅かれます！

福岡グルメを深掘りするならば飲食店もいいが、普段の〝ケ〟の食を知る場として地元の商店街やスーパーチェーンも巡ってみたい。

福岡市の代表的スーパーといえば「サニー」と「マルキョウ」。サニーは西友グループに吸収合併されたものの24時間営業の店舗が多く、仕事などで帰宅が遅くなる人にはうれしい。また、安さでは他店に負けない庶民の味方がマルキョウ。山口に本社があるリテールパートナーズの傘下に入ったが、独自性は保たれている。その他、西鉄グループのにしてつストア、高級路線のボンラパスあたりがメジャーどころだ。

また、ちょっとユニークなスーパーが北九州を拠点とする「ハローデイ」。店内に一歩入ると、派手なPOPやお祭りモードの店内装飾が目に飛び込んでくる。同社曰くアミューズメントフードホール！「博多めんたい高菜弁当」など地元色豊かな弁当や惣菜も人気だ。

また、下町モード系では西新商店街、昭和風な柳橋連合市場も楽しい。実は福岡は魚だけでなく野菜も豊富。日本でトップクラスの生産量を誇る冬キャベツ、たけのこ、いちご、「博多万能ねぎ」など地場の野菜も要チェック。お土産ならば、豊富に揃うインスタントの豚骨ラーメンもオススメだ。

たび活×住み活 45

辛子明太子を世に広めた漢気に触れる

このハクハク（博多の食と文化の博物館）って明太子の「ふくや」がつくったんだ。祭りの動画とか工芸品の展示なんかも充実しているな。

先代の川原俊夫さんは、山笠の〝のぼせもん〟だったっていうしね。韓国のプサンに生まれ育ち、戦後、引き揚げてきて、受け入れてくれた博多に恩返しをしたいという気持ちも強かったみたい。

博多華丸が主演したドラマ『めんたいぴりり』でもやってたな。

辛子明太子が博多名物として広まったのは、この人の功績だよねー。

まぁ、オレは楢﨑商店の明太子派だけど。お土産でも大好評だったし。

それって確か……キミのクライアントの会社でしょ！　身内びいきかい。

ヒロシ　オススメの食べたい！

身内っぽい話になりましたが、楢﨑商店の青唐辛子が入った青唐辛子明太子はスゴくおいしいです。福岡空港でもJAL側の売店で売っているので、よろしければご贔屓に（笑）。

言わずと知れた博多名物の辛子明太子。その支出額（たらこ）では、全国でも福岡市と北九州市がツートップだ。そんなご飯の最強のお供、辛子明太子を生み出したのが博多の辛子明太子メーカー「ふくや」の創業者・川原俊夫と妻・千鶴子だ。

戦後、無一文で博多に引き揚げてきた2人は、生活の糧を得るために中洲の市場に店を開く。そこでかつて住んでいたプサンの名物「メンタイ」にヒントを得て、日本人の口に合う明太子の開発に取り組む。当初10年間ぐらいは泣かず飛ばずだったが、北海道産のたらこに原材料を替え、味付けも工夫を重ね、「案外うまかばい」と口コミで広がっていく。新幹線の開通で全国に味が広がり、東京オリンピックの追い風も受け、１９７０年からは航空便で全国配送もスタート。

まさに商機到来だが、「明太子で儲かって、ぜいたくしようとは、少しも思わん人やったですね」（出典『博多に強くなろう　北九州に強くなろう』）。妻の千鶴子が、そう証言しているように、明太子の製法を惜しげもなく公開。商標も特許も取らなかったという。「元祖と書いても味が良くなるわけじゃない」とし、包装紙などにも元祖を名乗ることなく、山笠を支援するなど博多・中洲を盛り上げるために尽力した。明太子を食べる時には、博多を一心に愛した漢気《おとこぎ》あふれる〝のぼせもん〟にもぜひ思いをはせたい。

博多手一本&博多祝い唄を学ぶ

全国、宴会とか会合のシメのスタイルっていろいろあるよね。

信州だと県歌を歌うとか？　で、福岡も何かあるの？

「祝いめでた」を歌って、博多手一本でシメるというのが伝統みたい。

山笠の追い山の動画で「祝いめでたの〜」とか歌ってたヤツか。シメの一本なら関東一本締めっていうのもあるぞ。

「よーぉっ、パン」ね。でも博多手一本は関東一本締めとも違うし、全国的な一本締めとも違うの。

ややこしいな。

福岡証券取引所の大発会や大納会でもおなじみみたい。

レイコ　オススメの知りたい！

博多手一本は、最後の「パパンパン」がヨソ者には難しいとされています。間違っても怒られはしないけれど場がシラける……そしてやり直しは縁起が悪いそう。ハズさないよう注意！

信州では冠婚葬祭や県人会の最後に県歌（「信濃の国」）を歌ったり、万歳三唱をする。北海道だと宴会の最後にもう1回、「かんぱーい！」をする。沖縄ならカチャーシーを踊りまくるなどなど……全国あれこれ、行事の後のシメ1つとってもフシギな慣習が根強く残る。では、博多はどうか。

結婚式などの祝い事のシメで、酒でゴキゲンになった親戚のおじさんあたりが歌い出すのが「祝いめでた」（博多祝い唄）。「祝いめでたの　若松さまよ　若松さまよ～」という出だしで始まる年配のおじさまに人気のソウルソングだ。

もう1つ、付きものが博多独自の手締め「博多手一本」だ。

「んなら、一本入れるばい」などと始まり、「いよーっ（パンパン）、ま（も）ひとつしょ（パンパン）、よーと三度（パパンパン）」といった要領だ。三本締めなどに慣れている人は、「よーと三度（祝おうて三度、などのバージョンあり）」の後のタイミングが意外に難しい。

この手一本は、山笠などの祭りの協議でも、話がまとまった時点で入れれば異議なしのサイン。もめごとの仲裁でも手一本が入れられる。「言いたいことを言ったらあと腐れなし！」の博多っ子のストレートな気質を表す儀式だ。

地元の人が集まる冠婚葬祭などの行事に呼ばれることがあれば、ぜひ練習しておこう。

『福岡人志、』にまっちゃんの新たな一面を見る

福岡のテレビ見てて気づいたけど、全国区の人気お笑い芸人が結構、番組持ってるんだよな。

売れなくなって地方の番組に行くというのはよくあるけどね。

特にダウンタウンのまっちゃん（松本人志）の『福岡人志、』。特有のキレとかカドがなくてユルユルというか、純粋に福岡を楽しんでるだけという（笑）。

福岡愛がスゴいよね。

お気に入りのグルメははうどん、焼きそば、ちゃんぽん、餃子、特にウエスト愛がスゴい（笑）。

あのまっちゃんをも〝素〟にしてしまう福岡って、実はユルそうでスゴい破壊力があるのかも！

ヒロシ オススメの食べたい！

テレビでまっちゃんが気に入っていた日田焼きそば専門店「想夫恋（そうふれん）」は大分発祥ですが、福岡にもいくつか支店が。焼きそば好きとしては、要チェックです！

「福岡はな、なんなんやろな、ホント、好きやねん」。
ダウンタウンのまっちゃん（松本人志）が不定期でやっている地元ローカル番組『福岡人志、』（福岡放送）は、そんなヒネリのない福岡愛あふれるコメントでスタートする。
「福岡でレギュラーやりたいなあ」という松本の一言で2015年にスタート。案内役は福岡・篠栗町出身のお笑い芸人パンクブーブーの黒瀬純にプラス「福岡よしもと」の若手芸人。黒瀬オススメの福岡のウマいメシを食べるのをメインイベントに、福岡県をあちこちアドリブで巡る番組だ。

特徴は、まっちゃんが大しておもしろくないこと（笑）。番組ホームページにあるように、台本もなければアポも段取りも一切なしで、「素《す》の松本人志」「ただのおっさん松本人志」「福岡愛にあふれる松本人志」を大いに発揮！　ウエストや牧のうどんでうどんをすすればただただ「ウマい！」。小倉のパン屋「シロヤ」のサニーパン（P76）をクリームを垂らしながら食い、博多のボートレース場では隣の「酒処ひろ」で焼酎を飲みながら、素人の酔っ払いおじさんにイジられてうれしそうにしている……。

糸島に至っては「移住しようかなあ」という発言まで飛び出した。言動がいちいちストレートな福岡愛にあふれているのだ。

この地でレギュラー番組を持っているのは松本に限らない。九州朝日放送の深夜番組『ドォーモ』には、ロンドンブーツ1号2号の田村淳、千原ジュニア、ロバートが登場する。田村淳は、以前、福岡限定放送だった『ロンプク☆淳』がコーナーとして同番組にシフト。ロバートの秋山竜次、馬場裕之は北九州市出身だが、共に全国区で活躍する人気者だ。また、同局では人気フリーアナウンサーの羽鳥慎一もレギュラー番組を持っていたことがある（『羽鳥×宮本　福岡好いとぉ』。２０１９年12月終了）。

また、テレビ西日本では友近と中川家・礼二が出演する『友近・礼二の九州を旅してみたらこうなりました』を特別番組として放映している。

松本が番組中に「福岡でロケをやるいうと、他の芸人にうらやましがられんねん」と語っていたが、この地は関西のお笑いキングをも、そのユルい空気とグルメのウマさで包み込み骨抜きにしてしまうのか。また、街のサイズ感から東京ではできない自由な街ロケが実現するのも売れっ子にとってはいい息抜きになるのかもしれない。

そして、開放的に迎えてくれる福岡の人の温かさもポイントだろう。まっちゃんの腑抜けた表情に、福岡の魅力を再認識できる同番組。その他の番組でも、東京キー局で見るのとは違う、人気お笑い芸人の〝素〟の顔を楽しみたい。

まっちゃん食ってるねー
牧のうどん!!
めっちゃウマイわ～
食ってるなー
淳も食べてるねー
ウマそうだな
羽鳥さんも食べてるよ
KBCの宮本啓丞アナ
羽鳥さんも好いとぉ…か
…腹減ったな
ぐ～～っ
うん
福岡テレビあるある!?
「ロケを見ると腹が減る」

博多華丸・大吉の安定人気ぶりに癒される

福岡の街を歩くまっちゃん人気はスゴかったけど、博多華丸・大吉の好感度は絶大だね。ロケ番組でも受け入れられ方が段違いにあったかい！

華丸曰く「地元癒着の〝ズブズブ〟」とか言ってたけど（笑）。一般の人との距離が近いんだよね。

そのユルさもいいよね。あと、元モー娘の中澤裕子の大物っぷりも目立ってた。

もはや福岡の上沼恵美子!?

福岡はローカル番組に力を入れてるのも特徴かな。平日朝でもテレ朝系列は独自の『アサデス。』やってたし。

深夜の長寿番組『ドォーモ』が人気というのも若年層の人口が多いという福岡ならではかもね。

レイコ　オススメの見たい！

地方に行くとローカル番組は必ずチェックします。個人的には『ももち浜ストア』の福岡県の人気のうどん店を紹介する「うどんMAP」はなかなか楽しいです！

その地のことを知るならば、地元ローカル番組&タレントもチェックしたい。東京の情報を中心とする全国区の番組とは違う、その地ならではの空気感と共に、地元のレア情報もゲットできる。

まず、地元タレントのキングといえば博多華丸・大吉。全国区の顔ながら『華丸・大吉のなんしようと？』（テレビ西日本）では、福岡県内を巡るロケでの素の顔が見られる。

また、王道のローカル情報番組といえば『ももち浜ストア』（テレビ西日本）と『めんたいワイド』（福岡放送）。

根強い人気を誇る地元タレント元祖の山本カヨを始め、妙な貫禄を見せる元モーニング娘の中澤裕子、カンニング竹山の元コンビのケン坊田中、ゴリけん、パラシュート部隊といったローカルタレントの活躍ぶりが見られる。

また、深夜枠ながら１９８９年から続く長寿情報番組『ドォーモ』は地元で知らなければモグリ。Ｐ１３８でも紹介したように全国区のタレントの出演も多い。

そして、博多華丸が「博多に帰りたかー」とよく口にするように、全番組に共通するのは強い福岡愛。

彼らの地元愛を知り、ほっこりするならローカル番組をチェックしよう。

西日本新聞の「あな特」を知る

レイコのお父さんは鹿児島の南日本新聞の記者だったろ。西日本新聞って九州で一番部数が多いの？

そうだね。九州7県では1位。福岡県で見ると福岡市を中心に県西半分ではシェア1位だけど、北九州になると全国紙に押され気味みたい。

北九州は全国区の会社の工場とか支店も多いしな。

でも、西日本新聞社が発行する西日本スポーツ、西スポは福岡ソフトバンクホークスネタ満載で人気だし、西日本新聞自体もSNSを使って読者から寄せられた投稿を元に取材する企画が話題を呼んでるわ。

新聞自体が厳しい時代だもんな。

まあ、本もそうだけど……（苦笑）。

レイコ オススメの読みたい！

西日本新聞の名物連載の１つが「はかたにわか」。もとは顔の半分を隠す「にわか面」をつけ、即興の寸劇をする伝統芸能。読者投稿で世相を反映した博多弁のオモシロ会話が楽しめます。

福岡県内、そして九州全体で見ても発行部数首位を誇る地元クオリティペーパーといえば西日本新聞。西日本スポーツは大好きなタカ（ホークス）情報を逃さないゆえか、福岡では自宅や会社に配達してもらう率（戸配率）が高いのも特徴だ。

　また、西日本新聞は昨今、特色ある連載企画でも注目を集めている。2018年から始まった「あなたの特命取材班」、通称「あな特」だ。

　コレ、カンタンに言うと関西で人気の長寿番組『探偵！ナイトスクープ』の社会派版とでもいうべきか。LINEを通じた読者（あな特通信員）からの問題提起に対し、新聞社ならではの取材力で疑問や社会課題の解決を目指すというものだ。

　実はこの「あな特」、郵便局員からの暑中見舞い「かもめーる」の販売を巡って自腹営業を強いられて困っているという調査依頼を受けて調べているうちに、かんぽ生命の不正販売問題が発覚するといった大スクープにつながったことも。

　さらに調査の網を広げるべく他都道府県のローカルメディアとも連携。その数、北海道から沖縄まで全国20紙・媒体に及ぶ。〝新聞離れ〟が加速化する時代にあって、読者を巻き込んでの斬新な取り組み。東京に倣えではない、独立独歩の福岡らしさも色濃く感じる。地方メディアの生き残り策を考える上でも参考になりそうだ。

たび活×住み活 50

のぼせもん万歳！
福岡人気質を考える

今回、福岡を巡ってみて福岡の人ってどういうイメージ持った？

タクシーの運転手さんとか、飲食店で会った人とかに限るけど、地元が好き、話し好き、祭り好きとか……。

いわゆる〝のぼせもん〟（笑）。出身の芸能人も多いし、福岡市トップの高島（宗一郎）市長を見ても、フットワーク軽い感じだもんね。

炭鉱で栄えた歴史なんかを見ても、クールに慎重というより、熱く勝負に賭けるような気風もあるかも。

一方でエリアにもよるけど男性は頑固、義理堅いという九州男児っぽいところもあるかな。仕事より祭り！　と〝のぼせる〟のも人や地域のつながりが強いんだろうね。

レイコ　オススメの行きたい！

天神にあるライブ喫茶「照和」。ここから井上陽水、武田鉄矢、鹿児島出身の長渕剛など、多くのミュージシャンが誕生しました。その息吹を感じるならぜひ！

福岡人の気質を表現する方言の1つに〝のぼせもん〟がある。

博多弁で「何かに夢中になる」という意味で、博多祇園山笠に夢中になっている男たちを指す「山のぼせ」などと使われるが、このワードこそが全国でも福岡に「元気な都市」「住みたい街」といわれるエリアが多い理由の1つではないか。

全国、海外から様々な新しいモノ、人を受け入れてきた歴史から、オープンな風土が醸成。「それ、よかね」と思ったら、理屈抜きで地元流にカスタマイズし〝のぼせる〟。大学、短大が多く若者が多いのも情報や文化を敏感に察知し、フットワーク軽くアクションを起こすパワーになっているのだろう。

一方、熱しやすく冷めやすいともいわれるが、そこに九州人らしい地元や人間関係への義理堅さ、いい意味での頑固さが加わると街を盛り上げる大きなパワーとなる。

明太子の「ふくや」は特許や商標も取らず、その製法を公開し街の活性化につなげ、デザイナーの西島伊三雄は東京に背を向け博多の絵師を貫いた。北九州の小倉でも若者や大学生を中心に〝焼うどん発祥の地〟をアピールしたりと新しい動きもある。

イノベーションや地方の活性化は「バカ者、ヨソ者、若者」が担うというが、〝バカ者＝のぼせもん〟と解釈するなら、福岡はまさに3要素が揃う。〝のぼせもん〟万歳！

たび活×住み活 51

スタートアップ開業率トップの理由を探る

福岡市って開業率が全国でもトップクラスなんだって。

そういえば大名だっけ、スタートアップ支援施設があったな。

日本一、創業しやすい街を目指して、法人市民税の免除とか、助成金とか支援策を充実させているみたい。私たちも旅行で行った仏・ボルドーと組んで、ドローン・スタートアップのイベントなんかもやってるわ。

ボルドーってドローン事業が盛んなのか。ワインだけじゃないんだな。高島市長、AbemaTVで橋下(徹)さんと対談してたけど、切れ者って印象だったしな。

エンジニアも増えてるらしいし、日本のシリコンバレー候補かも!

レイコ オススメの行きたい!

本文中で紹介した、エンジニアカフェがある「福岡市赤煉瓦文化館」は、建築家・辰野金吾と片岡安の設計によりつくられたもの。東京駅でもおなじみ、辰野建築の赤煉瓦がハイカラです。

「博多は支店経済でもっている」。

以前、刊行した拙書『博多ルール』では、こう記し、西鉄（西日本鉄道）、九電（九州電力）といった公益企業や通販企業なんかを除くと、北九州のような工業用地もないため、サービス業以外の成長企業があまり見当たらない……そう結論付けたのだが、申し訳ありません！ この10年で状況は大きく変わった。近年、市が進める積極的な企業誘致によりＬＩＮＥ、メルカリといった大手ＩＴ企業も福岡に進出。また、「グローバル創業・雇用創出特区」として、様々な優遇策で創業支援と雇用創出を推進することで、開業率７％台を維持。21大都市（政令指定都市）のなかで堂々１位となっている。

さらに福岡の〝東大〟ポジションの九州大学には、その名も「九州大学起業部」なるコミュニティがあり、支援制度を活用しながら在学中から起業する有望な若者も増えている。これは期待大！

起業志望者や支援者などが情報交換しやすい街のサイズ感も起業を後押しする要素の１つだろう。２０１１年から「明星和楽《みょうじょうわらく》」と呼ばれる異業種交流会が開かれており、19年にできたエンジニアカフェ（福岡市赤煉瓦文化館）ほか、コミュニティ活動も盛んだ。

日本のシリコンバレーと呼ばれる日も近い!? 起業を考えている人は要注目だ。

たび活×住み活 52

人口増加率No.1の実力を知る

福岡市って人口増加率が全国トップらしいよ。

企業が増えれば人口も増えるよな。大学も多いんだろう。

うん、街歩いてて、若い人が目立つなぁと思ったけど、実は学生の数も京都に次いで2位なんだって。でも働く所と学校の数なら東京がトップだし、やっぱり地元の人が言うように住みやすいんだろうね。

たしかに、福岡市って特に突出してスゴいものがあるわけでもないのに人気だよな。

コンパクトシティで、繁華街や自然が多いエリアにもアクセスがよくて、おいしいものが安く食べられる!

レイコの場合、そこにいい飲み屋があるのもポイントだな(笑)。

ヒロシ オススメの食べたい!

福岡のコンビニでも見かけるご当地アイスが「ブラックモンブラン」。表面のザクザクしたクッキークランチがたまらない棒チョコアイス。メーカーは佐賀の竹下製菓。なつかしい味です。

スタートアップ開業率が全国トップに加え、「人口増加数」「人口増加率」、それに「10代～20代の若者の割合」、これらが政令指定都市中1位と、いいこと尽くめの記録をホールドしている福岡市。ちょっと欲張りすぎなんじゃ……。人口減少に悩む地方都市にとっては、うらやましい限りだ。

その人気ぶりの要因の1つにコンパクトシティが挙げられる。商業地区、歓楽街といった都市機能がまとまっていて、福岡・北九州都市圏で見ても通勤・通学時間は30分台と職住接近を実現している。

そして、至近距離に海や山があり、食べ物が安くてウマい。それでいて先端的な教育機関や医療機関も多く、QOL（クオリティ・オブ・ライフ）を追求できる都市なのだ。

福岡市に加え周辺の糸島や福津なども移住組が増えているが、〝住みやすさ〟では県第2の都市、北九州も負けてはいない。人口は減少トレンドではあるが、ものづくりで栄えた街らしくインフラが充実しており、医療機関の数が多い。シニアが安心して暮らしやすい、出生も育児もしやすい街というポジションも獲得。出生率も政令指定都市で連続1位と、今後、人口が増えていくポテンシャルはトップクラス！

歴史的にヨソ者に対してもオープンな風土も、移住を考えている人にはポイントだ。

たび活×住み活 53

地元好き日本一!?
合言葉は
「福岡、よかとこ！」

福岡県内、いろいろ巡ったけれどどんな印象だった？

歴史好きとしては、日本の経済成長を支えた炭鉱都市の成り立ちとか、北九州のものづくりなんかが興味深かったかな。コンパクトシティということでは、北九州の小倉駅周辺も公共施設や商店街が集中してて住みやすそうじゃなかった？

たしかにスゴいキラーコンテンツがあるわけじゃないけど、ブラブラ散歩してるだけでにぎわいも自然も感じられるのは福岡のよさだよね。あとはどこでもおいしい魚が食べられるのはポイントが高い！

うどんは一生分食ったから、もう当分いいけど（苦笑）。

ヒロシ オススメの食べたい！

B級グルメばっかりですが小倉の中華料理店「娘娘（にゃんにゃん）」。卵とネギのシンプルなやきめしに、甘辛い味付けの豚肉がのった「肉やきめし」。育ち盛りにオススメです（笑）。

なぜ、この地は「住みやすい&住みたい」と称賛され、「よかとこ！」と自信を持って語るのか。福岡市については、2019年、市のアンケートで福岡市が「好き」と答えた人が96・6％、「住みやすい」が95・4％、「住み続けたい」が91・5％と地元愛がスゴい。出身者でなくとも、福岡に住んだ経験がある人に聞いて、「サイアク」「もう住みたくない」なんて言葉が返ってくることはまずない。東京始め、大阪や名古屋なんかには、必ず〝アンチ〟が存在するのに、だ。また、埼玉のような自虐性を持ち合わせることなく、地元っ子の多くは「福岡、よかとこ！」と言うことにためらいがない。

何が彼らをそうさせるのか。その大きな理由は、再三、挙げたように〝住みやすさ〟に起因するのだろう。突出してスゴいものがあるのではなく、「そこそこ、よか！」。

街のサイズも栄え具合もちょうどよい。人間の距離感も近すぎず、遠すぎず。東京の流行や顔色をうかがうこともなく、九州の長としてマイペースでゴーイングマイウェイ。そこそこ都会でそこそこ田舎。その按配が、〝住みやすさ〟につながるのだろう。

そしてヨソから来た人も、ほんわりと包んでくる鷹揚な雰囲気がこの地には歴史的にある。そんな心の余裕も福岡ならでは。うらやましい……。

合言葉は「福岡、よかとこ！」。地元っ子と唱和すれば、グッと距離が縮まるはず!?

「むっちゃん万十」はハムエッグ！

まんじゅう発祥の地の福岡で、オレのイチ押しは「むっちゃん万十」！

有明海の珍魚・ムツゴロウの形をしたヤツね。要は回転焼き風だけど、あんとか甘い系だけじゃなくて、一番人気のハムエッグが絶妙だったね！

とろり半熟卵とキャベツ、特製マヨネーズの相性がよかったな。

意外性があったのが久留米ホットドッグ。ホットドッグを〝暑がりの犬〟と解釈して、プレスハムを暑い時に犬が舌を出すようなイメージでコールスローと一緒にはさんだって……誕生秘話も斜め上を行き過ぎてる(笑)。

久留米のセブン-イレブンにも久留米ホットドッグって置いてたな。どれだけ人気なんだ！

レイコ　オススメの食べたい！

甘い系が好みなら「蜂楽饅頭」もオススメ。関東でいう今川焼きですが、蜂蜜が入って栄養満点。地元っ子でも白あん派、黒あん派に分かれますが、まずは両方食べ比べを！

安い or 高い？ 福岡の物価を知る

住むなら、家賃とか生活費なんかの物価も気になるよね。

ちょっと調べたんだけどやっぱり家賃は安いよな。平均で月額約5万4000円。東京が約8万9000円だからそこで3万円ぐらいの差がある。

スーパーで食品の値段を見ても安いし、地元の人に聞くと外で飲食しても安いって言うね。東京で5000円の飲み放題コース頼んだら、しょぼくてガッカリしたって……。

まあ、それは「地元のメシは安くてウマい！」「東京は高い割にイマイチ」っていう東京アンチな〝地方あるある〟もあるかも（苦笑）。

グルメを誇る博多は特に譲れないポイントかもねー。

レイコ オススメの知りたい！

18歳未満の子どもがいる家庭にいろんな特典がある「子育て応援の店」登録店舗数も全国2位。政令指定都市の中で北九州市が出生率が高いっていうのも、そのあたりが理由の1つかも。

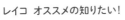

「ひらお」で絶品天ぷらを食らう

ここがまっちゃんの番組とか福岡の食べ歩きで必ず紹介される天ぷらの「ひらお」？　開店前から行列ができるってすごいね。

よし、開店した。券売機で気軽にオーダーできるのがいいよな。ご飯の量も選べるし。

テーブルのイカの塩辛が食べ放題なんて天国。おいしい！　これだけで何杯も酒が飲めそう。

居酒屋じゃないんだから……。

カウンターで天ぷらが揚げ立てで一品ずつ提供されるのはいいね。

追加したい時も、券売機に走ればOK！　一品ずつ買えるし。この気軽さはやっぱり福岡メシのよさだなあ。

ヒロシ　オススメの食べたい！

地元系グルメでもう1つオススメが鉄なべ餃子の「鉄なべ」。発祥は八幡製鐵所があった北九州。博多にも系列店があって、カリッと鉄なべで焼かれた餃子がめちゃウマい！

データ編

博多・福岡を知る

筑前海、豊前海、有明海などの海に面し、九州と本州を結ぶ交通の要衝である福岡県。福岡−東京間886㎞に対し、福岡―上海間は879㎞、福岡―ソウル間540㎞と朝鮮半島、中国大陸に極めて近い位置にあり、古くからアジアの玄関口として栄えてきた独自の歴史を持つ。また人口全国9位と、特に人口増加中の福岡市を中心に都会でありながら豊かな自然も擁し、農林水産業も盛んだ。各種調査で「住みたい街ランキング」の上位に入るなど住みやすさもお墨付き。ここでは福岡県全体の概要と、4つのエリアごとの特徴、移住相談先も紹介する。

ザックリつかもう！ 福岡ってどんなとこ？

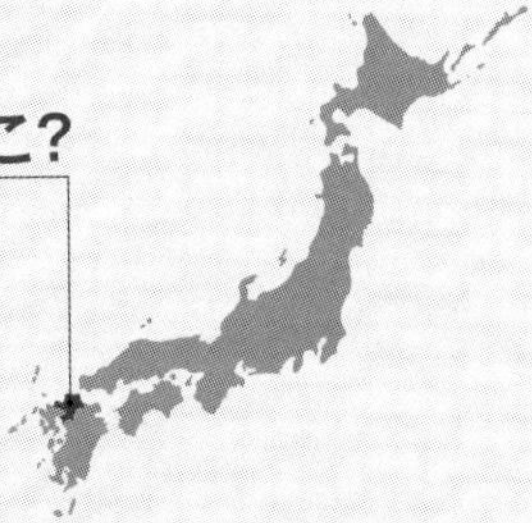

<広さ>

・面積　約4986平方㎞
・人口 約511万人

<気候>

・年間を通して温帯性気候で概して温暖だが、日本海側に位置する福岡、北九州地方は冬季には大陸からの寒気の影響を受け、日本海型気候区の特徴を持つ。
・筑後平野を中心とする内陸平野部は、三方を山に囲まれ内陸型気候で、筑豊盆地は、気温の日較差や年較差が大きく、盆地特有の気候。
・積雪は主に山間部で、都市部では見られない。年間平均気温17.7度。

<生活・医療>

・病院数は約460院で全国第4位
・通報からの病院収容時間は30.7分で全国第2位
・子育て応援事業「子育て応援の店」の登録店舗数が全国第2位
・国が指定する史跡や名勝、天然記念物118件で全国3位
・常設映画館数（人口100万人当たり）33.9館で全国1位

資料　福岡県移住・定住ポータルサイト『福がお〜かくらし』、総務省消防庁『H30年版救急救助の概況』、厚生労働省『H30年医療施設数調査』、『ふくおかデータウェブ』

さらに深掘り!
福岡県の4エリアの特徴をつかもう!

福岡県は地理的、歴史的、経済的特性などから、
「北九州」「福岡」「筑後」「筑豊」の4地域に分けられている。
その特徴を紹介していこう。

北九州

北九州市 行橋市 豊前市 中間市 芦屋町 水巻町 岡垣町 遠賀町 苅田町 みやこ町 吉富町 上毛町 築上町

九州一の工業地帯。鉄鋼、化学、自動車、先端半導体、ロボットなど、蓄積されてきた「ものづくり」の技術、公害問題を克服してきた知見も活かし、環境産業や循環型の都市づくりも推進。大学や研究機関も集積している。東部の京築地域は北九州市のベッドタウンであるとともに、古墳や国分寺跡などの史跡も多く修験道や神楽といった伝統的民俗芸能・文化も根付く。

福岡

福岡市 筑紫野市 春日市 大野城市 宗像市 太宰府市 古賀市 福津市 朝倉市 糸島市 那珂川市 宇美町 篠栗町 志免町 須恵町 新宮町 久山町 粕屋町 筑前町 東峰村

福岡・九州の中枢都市。大都市ながら自然も多く、住みやすさから移住先としても人気。商都・博多として栄えた歴史からサービス業が盛んだが、九州大学伊都キャンパスを核に学術研究都市構想を推進。IT企業の誘致やスタートアップ企業支援にも力を入れ、先端成長産業の育成にも取り組んでいる。また、「神宿る島」宗像・沖ノ島と関連遺産群が世界遺産に登録された。

筑後

大牟田市 久留米市 柳川市 八女市 筑後市 大川市 小郡市 うきは市 みやま市 大刀洗町 大木町 広川町

久留米駅、筑後船小屋駅、新大牟田駅の3つの九州新幹線駅があり、利便性は高い。豊かな自然に囲まれ農林水産業に加え、地場産業、商工業など多様な産業、文化が息づく。大牟田地域では、三池炭鉱閉山に伴い、石炭産業に代わる新しい産業として、環境・リサイクル産業などを推進。RDF発電や廃家電から希少金属を取り出すレアメタルリサイクルなど環境産業の展開をはかる。

筑豊

直方市 飯塚市 田川市 宮若市 嘉麻市 小竹町 鞍手町 桂川町 香春町 添田町 糸田町 川崎町 大任町 赤村 福智町

石炭産業の衰退を経て、機械金属関連産業から、自動車産業、IC関連産業、電子関連機器製造業などが集積。多様な産業を支援する直鞍（ちょくあん）産業振興センター・アドックス福岡による産業構造の転換や新たな産業創出の拠点づくりを目指すe-ZUKAトライバレー構想も推進。地域で農業の活性化にも取り組む。バイパスの整備により福岡、北九州両都市圏との交通ネットワークも向上している。

移住・二拠点生活・起業を考えるならば、こちらに相談、情報をチェック!

福岡県、各市町村自体では移住・定住に関する相談対応、地域の各種支援策を情報提供。
「ふくおかよかとこ移住相談センター」（東京・福岡）ほか、移住・定住ポータルサイト「福がお〜かくらし」では県全体の情報検索、チェックが可能。福岡市のスタートアップ支援施設「Fukuoka Growth Next」では起業志望者をサポート。

参考文献
『博多に強くなろう　北九州に強くなろう　100の物語　(上・下)』 西日本シティ銀行編　西日本新聞社
『博多ルール』 都会生活研究プロジェクト［博多チーム］著　KADOKAWA
『博多うどんはなぜ関門海峡を越えなかったのか』 サカキシンイチロウ著　ぴあ
『古地図で歩く福岡――歴史探訪ガイド――決定版』 月刊はかた編集室著　メイツ出版
『北九州歴史散歩　豊前編』 特定非営利活動法人北九州市の文化財を守る会編　海鳥社
『ブラタモリ4　松江　出雲　軽井沢　博多・福岡』 NHK「ブラタモリ」制作班監修　KADOKAWA
『ラーメンひと図鑑』 原達郎著　弦書房
『炭鉱町に咲いた原貢野球　三池工業高校・甲子園優勝までの軌跡』 澤宮優著　集英社文庫
『福岡市を経営する』 高島宗一郎著　ダイヤモンド社
『超成長都市「福岡」の秘密　世界が注目するイノベーションの仕組み』 石丸修平著　日本経済新聞出版
『父の縁側、私の書斎』 檀ふみ著　新潮文庫

『ソワニエ＋　2019　5・6　vol.55』 株式会社エフエム福岡
『BRUTUS特別編集　福岡の大正解　増補改訂版』 マガジンハウス
『ご当地弁当惣菜ガイド　217店387品厳選』 日本食糧新聞社

データについては、福岡県・各市町村ホームページ、
総務省統計局「家計調査」(2017～2019年平均の一世帯当たり品目別年間支出金額及び購入数量)、総務省統計局「H30年住宅・土地統計調査」、「Fukuoka Facts データでわかるイイトコ福岡」、福岡県移住・定住ポータルサイト「福がお～かくらし」、総務省消防庁「H30年版救急救助の概況」、厚生労働省「H30年医療施設数調査」、「ふくおかデータウェブ」、「福岡市公式シティガイド YOKANAVI」などを参照。

その他、西日本新聞、全国紙、各自治体刊行・移住パンフレット、企業・団体ホームページなどを参考にしました。また、インタビューにご協力くださった多くの方々に感謝申し上げます。

あとがき

「なぜ福岡の人は、こんなに福岡が好きなんだろう」

以前、『博多ルール』（KADOKAWA）を刊行した際に、感じた素朴な疑問です。

そして、今回はその疑問に「なぜ人は福岡をこんなに好きになるんだろう」という新たな疑問が加わりました。

哲学めいた話になってきましたが、あのまっちゃん（松本人志）が福岡のローカル番組で見せる、演技とは思えない福岡ラブな表情に、この地はとんでもない〝人たらし〟なんじゃないか。以前から薄々感じていたことですが、その感を強くしたのでした。

メシが安くてウマい。街のサイズ感、栄え具合と自然の具合がちょうどよい。そこそこ都会、そこそこ田舎。ヨソ者に対して比較的オープン。気候も割と温暖。何せ古来から大陸と渡り合ってきた地ですから、どこか島国・日本らしくない鷹揚な風土がある。人もいい意味で〝おまん〟。なんか人を油断させるんですね。まったく、福岡ってヤツは。

2020年はいろんなことがありました。でも、この地の人々の地元愛は何よりも深く、揺らぐことはないでしょう。そして県外の人の福岡愛も変わらないでしょう。

日本の中でもとてつもないパワーを持つ福岡。今後の進化にも期待しつつ……！

著者紹介
たび活×住み活研究家　大沢玲子

2006年から各地の生活慣習、地域性、県民性などのリサーチをスタート。ご当地に縁のある人々へのインタビュー、アンケート調査などを通じ、歴史・衣食住・街など、幅広い角度からその地らしさに迫り、執筆を続けている。『東京ルール』を皮切りに、大阪、信州、広島、神戸など、各地の特性をまとめた『ルール』シリーズ本は計17冊、累計32万部超を達成。
本人は鹿児島出身の転勤族として育ち、現在は東京在住。根無し草的なアウェーの立場を活かし、ホットなトピックとして〝移住〟〝関係人口〟などを絡めた新しい地方の楽しみ方を紹介していく。

読むと行きたくなる。行くと住みたくなる――
「たび活×住み活」in 福岡
「データ編 博多・福岡を知る」付き

2020年12月7日　第1刷発行

著者　大沢玲子

漫画　斉藤ロジョコ
校閲　校正室・赤ペン舎
装丁・本文デザイン　有限会社 ZAPP!　白金正之

発行者　五島　洋
発行所　ファーストステップ出版
〒151-0064　東京都渋谷区上原1-34-7　和田ビル2F
有限会社ファーストステップ
TEL 03-6906-8431

印刷・製本　中央精版印刷株式会社
ISBN978-4-909847-03-4　C2026